AF591756

BOUDHISME

par

le Commandant ROBERT
Directeur du Lycée Franco-Chinois de Cholon

2e ÉDITION

SAIGON
Imprimerie Commerciale C. Ardin
1927

NOTES
SUR LE
BOUDHISME

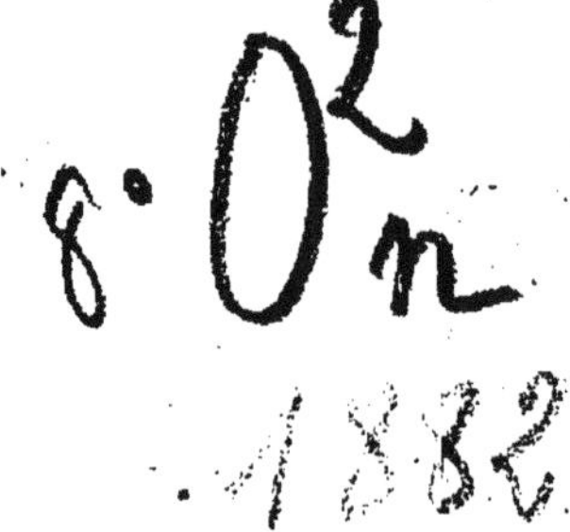

NOTES
SUR LE
BOUDHISME

Depuis un certain nombre d'années, il est fort à la mode, en Europe, de parler du Boudhisme. Et sous prétexte de Boudhisme, ce sont des théories plus ou moins empruntées à la théosophie, à l'Inde d'avant Boudha, qui voient le jour. D'autres fois, si vous commettez l'imprudence de déclarer à quelqu'un que vous êtes boudhiste, votre interlocuteur vous voit de suite des baguettes d'encens à la main, vous prosternant devant une statue plus ou moins dorée, au milieu de génies grimaçants, avec, pour cadre, une pagode annamite ou chinoise.

Eh bien, toutes ces représentations du Boudhisme sont aussi fausses les unes que les autres. Entendons-nous bien, dès les premiers mots : Je parle du Boudhisme prêché par Boudha, environ 600 ans av. J. C. Cette doctrine, le Boudhisme primitif, n'était aucunement une religion, au sens que nous donnons généralement à ce mot, et qui implique qu'on reconnaît l'existence d'un, ou même de plusieurs dieux, qui ont pour mission de tout diriger en ce monde. C'était simplement un système philosophique, qui n'avait absolument rien de commun avec l'ensemble de superstitions actuellement connues sous le nom de Boudhisme, en Extrême-Orient. Par une perversion singulière, cet ensemble métaphysique et philosophique, qui niait l'utilité des Dieux, sinon leur existence même, s'est mué, par la suite des temps, et sous l'influence réactionnaire des religions qu'il avait un instant menacées, en une religion où Boudha, étonné et scandalisé, se trouve en contact avec les divinités les plus étranges de l'Inde, de la Chine et d'autres pays. La pure doctrine primitive n'est plus étudiée, dans son pays d'orgine, que par un nombre restreint de savants dans les écoles de Ceylan, et peut-être par quelques lama thibetains, possédant l'antique vérité, sous leur fatras de sorcellerie. En revanche, elle a été très étudiée et très approfondie par des savants européens, américains et japonais. C'est de ce Boudhisme primitif que je veux parler, et, dans tout ce qui suit, le mot de Boudhisme ne s'applique qu'à cette doctrine philosophique, et non au pseudo Boudhisme actuel d'Extrême-Orient.

Avant d'entrer dans le sujet de cette causerie, encore un mot. Est-ce bien utile de s'occuper du Boudhisme ? Je crois que oui. Indépendamment en effet de l'utilité incontestable, pour tout homme pensant, de travailler à meubler son cerveau, au point de vue de l'étude des religions, la connaissance de ce système philosophique est indispensable. Supposez qu'un jour, on puisse, sinon prouver, tout au moins rendre très probable, presque certain, pour un esprit un peu habitué à raisonner, ce fait que le monde est purement automatique, que tout s'y déroule sans l'intervention d'un être d'essence éternelle, que la quantité d'énergie qui semble bien exister en chacun de nous, est de la même nature que l'électricité ou la lumière, qu'après le phénomène que nous appelons mort, cette énergie animique reste dans l'espace comme une charge électrique quelconque, pouvant se disperser, pouvant aussi se combiner à un nouveau corps matériel, suivant les circonstances, mais toujours en vertu de lois purement mécaniques, quels changements seraient apportés dans les croyances de notre pauvre humanité ?

Je n'ai pas, bien entendu, l'intention de faire un exposé complet du Boudhisme, même en résumé. Il faudrait un gros ouvrage, encore risquerait-on d'être incomplet. Je me propose de dire quelques mots de la méthode d'enseignement adoptée par Boudha, et d'essayer d'expliquer une des bases de cette doctrine, l'idée de non existence réelle du Moi, laissant pour une étude ultérieure deux autres points importants : le Karma et le Nirvana. La doctrine boudhiste fut-elle originale, et sous quelle forme fut-elle enseignée ? Il est certain qu'une partie seulement de la doctrine est nouvelle ; comme nous le verrons plus loin, une partie des idées concernant la création de l'univers est empruntée à la métaphysique des brahmanes. Quant à l'enseignement, malgré le titre de certains livres publiés en Angleterre, le Boudhisme ésotérique (1) notamment, on ne peut prétendre qu'il ait été ésotérique ; toutes les vérités étaient exposées à tous, il appartenait à chacun de les méditer et d'en tirer les conséquences, de les développer. Suivant le degré d'avancement intellectuel de chaque disciple, la même vérité restait ignorée, était seulement soupçonnée, ou au contraire, se révélait en pleine lumière. Boudha laissait à ses disciples le soin de trouver eux-mêmes ce sur la voie de quoi il se contentait de les orienter. Et cela constitue une

---

(1) Malgré son titre, ce livre n'a rien de commun avec le Boudhisme.

caractéristique puissante de cet enseignement, car cette méthode exclue toute idée d'autorité. Aucun principe n'est imposé : une indication est donnée et le raisonnement suit cette indication, la vérifie, l'adopte ou non, la pousse plus ou moins loin, et, par cela même, une sélection se fait, suivant les capacités intellectuelles de chacun.

Un savant boudhiste moderne, mais qui parle de la doctrine primitive, dénonce l'erreur de ceux qui se cantonnent dans une foi toute faite, sans l'avoir jamais soumise à l'examen. « La méthode expéditive, dit-il, consistant à imposer d'autorité une croyance, est acceptée avec insouciance par le grand nombre, mais elle ne peut être admise par la minorité des penseurs qui pénètrent aisément le brouillard des dogmes et, découvrant la présomption de toute infaillibilité, quêtent par ailleurs, des croyances plus fondées. Affranchis des liens de l'autorité, certains tombent dans une nouvelle erreur : leurs investigations s'écartent de la voie expérimentale et rationnelle. Modelés par une éducation où dominèrent les notions fausses, influencés par les obscures tendances de leur atavisme, ils voient s'élever en eux des désirs, des espoirs, une sorte de secret besoin que la vérité soit de telle nature plutôt que de telle autre. Alors, à demi-conscients, peut-être, de leur œuvre, ils édifient leurs croyances d'après leurs impulsions au lieu de les puiser uniquement dans l'observation et l'expérience des faits ».

L'homme, guidé par les indications données, et non par des pseudo vérités imposées, part sans *a priori* dans sa recherche ; les découvertes donnent ce qu'elles doivent donner : peu importe. On ne leurre pas les disciples d'un idéal de justice, de récompenses célestes ; rien de tout cela. Un savant hindou moderne, dont nous retrouverons le nom tout-à-l'heure, s'exprime ainsi : « C'est une des gloires du Boudhisme qu'il fait toujours appel à la raison et à la science, et non à la foi aveugle ou à l'autorité ». Un autre auteur déclare : « Il est dit au Boudhiste de ne faire aucune chose qu'il ne l'ait auparavant analysée. Il est recommandé par le Boudha de ne rien croire, ou accepter pour vrai, sur la foi de la tradition, de l'autorité, de l'analogie, de la révélation ou d'un miracle ». Un ancien texte, le Kalama Sutta, déclare : « Ne croyez pas sur la foi des traditions, quoiqu'elles soient en honneur depuis de longues générations, et en beaucoup d'endroits ; ne croyez pas une chose parce que beaucoup en parlent ; ne croyez pas sur la foi des sages des temps passés ; ne croyez pas ce que vous vous êtes imaginé, pensant qu'un dieu vous l'avait inspiré. Ne croyez rien sur la seule autorité de vos maîtres ou des prêtres. Après examen, croyez ce que vous-même avez expérimenté et reconnu raisonnable, qui sera conforme à votre bien et à celui des autres ».

Ainsi, dès le début de l'enseignement, le boudhiste se trouve livré à ses seules forces ; c'est la caractéristique du système : négation du principe d'autorité, affirmation de la raison. Mais, dira-t-on, le boudhiste est livré à lui-même ; c'est fort bien ; qui le guidera ? C'est le rôle du maître de donner au disciple des indications sur les moyens de parvenir à la vérité, sans rien imposer. On enseigne la méthode pour arriver à la vérité, mais non la vérité elle-même, qu'il trouvera fatalement s'il raisonne. On a pu définir le Boudhisme : « Une méthode de salut par l'intelligence et le savoir, non par l'émotion ».

Il est indiscutable qu'un tel procédé d'enseignement a l'avantage qu'une idée, une fois adoptée, après mûr examen et passage au crible de la raison, ne sera plus jamais remise en cause par le disciple, puisque c'est de son plein gré, presque comme s'il l'avait découverte lui-même, qu'il l'a admise.

Mais de cette répugnance à rien affirmer, à rien dire de trop précis de peur de sembler vouloir influencer l'esprit des disciples, de peur de revêtir une apparence dogmatique, il résulte que la doctrine de Boudha n'apparaît pas toujours avec la même netteté que celle d'autres systèmes, où les principes sont catégoriquement affirmés. Il faut, en quelque sorte, se livrer au travail mental du boudhiste pour percevoir la vérité à peine indiquée dans les textes. Heureusement, un certain nombre de savants commentateurs, boudhistes eux-mêmes, se sont livrés à ce travail, et, grâce à eux, il est permis au profane de se faire une idée de ce qu'il y a au fond de ce système.

Une des premières formules que Boudha livre à la méditation est celle-ci : « En ce monde, tout est douleur : la vie est douleur, la maladie est douleur, la vieillesse est douleur, les séparations sont douleur ». Et qui donc supporte ces douleurs ? C'est ce que les hommes appellent leur Moi. Alors, deuxième formule : pour se libérer de la douleur, il suffira d'arriver à la connaissance, c'est-à-dire à reconnaître, après examen, que ce Moi, auquel nous attachons tant importance, n'existe en réalité pas. C'est l'ignorance de cette vérité qui fait que l'homme souffre, car quelque chose qui n'a pas d'existence réelle ne peut souffrir. C'est là l'idée de l'impermanence du Moi, de l'irréalité du Moi, que je veux développer.

Cette idée est donnée par Boudha sous la forme de ce qu'il appelle les trois caractéristiques : « Toutes les formations sont impermanentes. Toutes sont sujettes à la douleur. Toutes les formations sont sans Ego ».

Il est nécessaire de donner ici un aperçu des idées boudhistes sur la constitution de la matière, de l'énergie et de l'univers en général. Elles sont empruntées, à une modification près, aux théories védiques. Celles-ci affirmaient qu'il n'existait qu'un seul principe primordial, principe conscient qui, de l'état de repos, peut passer à l'état agissant et à l'état réceptif. Ces deux derniers modes combinés donnent lieu aux innombrables manifestations que nous cataloguons matière, êtres vivants, forces, lumière, électricité, etc., sans compter les phénomènes, probablement très nombreux, qui échappent à nos sens imparfaits. Dans les êtres vivants supérieurs, une parcelle de l'énergie créatrice primitive se trouve combinée à une certaine quantité de matière et à d'autres formes d'énergies de moindre qualité, énergie vitale, énergie nerveuse, mémoire, etc... C'est, d'après les idées védiques, qui dominaient l'Inde avant Boudha, cette parcelle d'énergie créatrice qui constitue l'âme, support véritable et immortel du Moi.

Pour le boudhiste, le monde est à peu près le même, avec cette différence essentielle, que la cause première est *inconsciente*. Au lieu d'admettre un univers créé par un être que personne n'a créé, le boudhiste va tout de suite au terme, et admet que le monde n'a été créé par personne. Il existe parce qu'il existe, et est soumis à des lois *automatiques, mécaniques*, qui sont les caractéristiques de cet univers. A remonter jusqu'à la cause première, il faut toujours arriver à quelque chose qui existe de par soi-même : le boudhiste y arrive de suite. Aucun être suprême conscient ne dirige l'ensemble. Il existe un élément primordial qui, entre autres propriétés, a celle de passer successivement de l'état de repos à celui d'action, pour retourner à l'état de repos, et cela, sans cesse. Ce passage à l'état d'action amène la production de ce que nous appelons énergie, sous ses multiples formes, la matière elle-même n'étant qu'un des aspects de l'énergie. Toutes ces manifestations sont transmuables l'une dans l'autre, bien que cela échappe souvent à nos sens. Quand nous voyons une certaine quantité de chaleur ou d'électricité disparaître d'un corps, il n'est pas exact de dire qu'elle s'est évanouie, car en réalité, elle n'a fait que se transporter ailleurs, par exemple, sur les molécules de l'air environnant. De ce que souvent cette transformation nous échappe, il serait imprudent de conclure à sa non-existence. Il est à remarquer que la science moderne européenne qui, depuis une vingtaine d'années, s'est beaucoup occupé de ces problèmes, touchant la constitution de la matière, la nature de l'électricité, de l'énergie, ne fait que retrouver, ou peu s'en faut, les antiques données de la science hindoue, védique ou boudhiste. Il n'y a, pour s'en convaincre, qu'à lire *L'évolution de la matière,* de Lebon, *La dégradation de l'énergie,* de Brunhes, et surtout la première partie de *La matière et la vie,* de Guilleminot.

Ces notions acquises, revenons à l'impermanence du Moi. Elle découle immédiatement de l'idée énoncée ci-dessus que tout ce qui nous paraît exister n'est qu'une manifestation passagère de l'élément primordial, qui se manifeste à nous sous l'apparence de matière, de chaleur ou sous une forme analogue, mais instable, puisqu'après ces phases d'activité, surviennent des phases de repos, où toutes ces manifestations disparaissent, pour revenir à l'état primordial de repos complet. En particulier, les êtres vivants sont des assemblages essentiellement momentanés de molécules de matière (elle-même instable) et de quantités de diverses modalités d'énergie, assemblage constitué sous l'influence de lois générales que nous ne pouvons que constater, sans songer à les expliquer, assemblages appelés à se désagréger, à la suite de quoi les différents éléments qui les constituent entrent dans de nouvelles combinaisons, en attendant de retourner à l'état de repos.

Pour le boudhiste, et cela lui vient des systèmes hindous antérieurs, l'être humain est, parmi tous les êtres qui peuplent l'univers, un des composés les plus complexes, beaucoup plus complexes que nous, Occidentaux, l'imaginons. A un élément matériel, le corps, se superposent des éléments plus ou moins subtils, correspondant à des modalités variées d'énergie, permettant les sensations, les idées, la mémoire, les images mentales, les phénomènes de la conscience (par conscience, il s'agit, bien entendu, non pas de la conception religieuse qui juge du bien et du mal, mais du sentiment qu'a l'être humain de vivre et de penser). Comme pour la nature réelle de la matière et de l'énergie, le monde scientifique européen commence à se douter que l'être humain pourrait bien être plus compliqué qu'il ne l'avait admis jusqu'ici, et qu'un certain nombre de phénomènes ne peuvent s'expliquer que par l'existence en l'homme de modalités énergétiques d'essence encore peu ou pas étudiée, sans, pour cela, être obligé de faire intervenir la moindre cause supranaturelle.

Et alors, pour le boudhiste, c'est la réunion essentiellement momentanée puisqu'elle ne durera que l'espace d'une vie humaine, de ces divers éléments, qui constitue la formation éphémène que nous appelons notre Moi. Pour que cette association fonctionne parfaitement, chacun des éléments constituants doit être en parfait état. Si l'un d'eux vient à faiblir, pour des causes diverses, apparaissent les phénomènes physiques ou mentaux que nous appelons maladie, folie, altérations de la personnalité, etc... Si, en particulier, dans le sustratum corporel, les réactions physico-chimiques cessent de se produire, et par cela même cessent de produire l'énergie vitale nécessaire (comme dans une pile, l'action chimique se transforme en électricité), l'association se dissout. Est-ce à dire que les divers éléments s'anéantissent ? Non, pas plus que s'anéantissent les éléments constituant un condensateur chargé, si on les démonte. La charge électrique se portera sur un autre corps, ou se transformera en chaleur ou en lumière, sous forme d'étincelle, les plaques métalliques ou isolantes qui constituaient l'armature peuvent être brisées, fondues, réduites en poudre, elles ne cessent pas pour cela d'exister. On pourra en construire un nouveau condensateur, ou tout autre appareil. La charge électrique, au lieu de se transformer en chaleur, aurait pu passer sur un autre condensateur. Qu'est-ce donc qui a disparu, puisque tous les éléments subsistent ? c'est le condensateur lui-même.

Il en est de même pour l'homme. A la mort le corps matériel pourrit, et ses molécules, entrent dans de nouvelles combinaisons matérielles, végétales ou animales, organiques ou non. Ces particules matérielles peuvent même se transformer en énergie, par une désintégration lente, dont le radium semble nous donner un exemple. Les différentes qualités d'énergie qui étaient associées au corps matériel, se séparent, se transmutent l'une dans l'autre, rentrent dans de nouvelles combinaisons, et cela, sans fin ni trève. Les éléments constitutifs de l'être humain se sont dispersés dans toutes les directions, sans pour cela s'anéantir. Qu'est-ce donc qui a disparu ? C'est ce que constituait la réunion de ces éléments, c'est-à-dire le Moi. Pour faire comprendre cette idée à ses disciples, Boudha compare l'homme à un char : le char est formé par la réunion du timon, de l'essieu, du coffre, du joug. Chacune de ces parties, prise isolément, ne constitue pas le char. Si on les sépare, pour, au besoin, les remonter avec d'autres éléments et en faire d'autres chars, ces éléments n'ont pas cessé d'exister, mais le char primitif a cessé d'exister. Il en est de même pour le Moi. Ainsi l'avait bien compris la disciple Vagira, qui disait à Boudha : « De même que là où existent les différentes parties du char, on emploie le mot char, de même aussi, quand les éléments constitutifs sont rassemblés, nous parlons d'un être ».

La personnalité humaine n'est donc qu'un phénomène momentané au milieu de la multitude des phénomènes s'engendrant et se dissipant dans le tourbillon perpétuel de la matière, phénomènes, répétons-le, purement mécaniques. Et non seulement à la mort, les éléments constitutifs de l'homme se séparent, mais même pendant le court espace d'une vie, rien ne reste permanent dans l'homme. Les cellules du corps meurent et sont remplacées par d'autres, de sorte qu'au bout de quelques années, elles ont toutes été renouvelées. Il en est de même pour les éléments énergie de l'être humain. « Nous ne distinguons pas les naissances et les morts multiples qui, à chaque instant, soit paisiblement, soit violemment, ont lieu en nous, mais elles n'en existent pas moins. Le vieillard n'est pas le même que l'enfant né 80 ans avant, et seule, une illusion nous les fait paraître identiques. Il n'y a plus une seule parcelle de la matière qui forma jadis l'enfant. La mémoire elle-même qui semble bien constituer le plus fort lien de la personnalité, qui lui donne sa plus forte apparence de réalité, la mémoire elle-même ne relie pas le vieillard à l'enfant, car aucune des sensations perçues par le tout jeune enfant ne subsiste chez le vieillard ». (1)

Le savant hindou Narasu, dont j'ai déjà cité le nom, déclare : « L'enseignement du Boudha est que la conception animiste du Brahmanisme, du Jainisme, du Christianisme et de l'Islam, la croyance en une âme ou Ego permanent, est la plus pernicieuse des erreurs, la plus décevante des illusions qui fourvoiera irrémédiablement ses victimes dans les plus profonds abîmes de la douleur. La croyance en un Moi transcendental est le tout premier lien que l'on ait à rompre avant de pouvoir poser le pied dans le sentier aux huit embranchements. La croyance en un Moi permanent doit, naturellement, produire de l'attachement pour lui, et cet attachement doit nécessairement engendrer l'égoïsme et la soif de la jouissance ici, sur terre, ou au-delà, dans le ciel. Il s'ensuit que cette distinction d'un Moi permanent ne peut être une condition favorable à la

(1) Alexandra David.

délivrance de la douleur ». Cela veut dire que pour celui attaché à son Moi, la suppression de l'existence, la maladie, la souffrance, la séparation d'avec les êtres qui lui sont chers, toutes choses qui affectent le Moi, sont la cause de douleurs. Au contraire, celui qui a reconnu que ce Moi n'est que momentané et appelé à disparaître, sans existence réelle, celui-ci s'affranchit des passions et des désirs et, par suite, cesse de souffrir. Ce n'est même pas le « tout finit avec la mort », du matérialiste simpliste ; c'est la vision d'un perpétuel mouvement, d'une transformation ininterrompue, d'une sorte de tourbillon d'atomes s'unissant, se séparant selon le rythme vertigineux d'actions et de réactions se succédant sans trêve, « sans que l'homme puisse se retrouver identique pendant l'espace de deux respirations » suivant une expression boudhiste.

Là, se pose une autre question : le boudhiste déclare : « Celui qui a acquis la conviction raisonnée de l'impermanence de son Moi, celui-là saisit que les renaissances sont épuisées, qu'il ne se produira plus de retour dans le monde ». Qu'est à dire? puisque rien de conscient ne subsiste de l'homme, après la mort, qu'est-ce donc qui renaîtrait ? Cela signifie que par les désirs causés par l'attachement à l'existence, par la croyance au Moi, se développent dans les éléments énergie de l'être humain, des affinités, un entraînement à se réunir de nouveau après la mort à d'autres éléments analogues pour rentrer dans la composition de nouveaux êtres humains qui, inconscients de l'impermanence de leur Moi, souffriront à leur tour. Au contraire, celui qui sait que son Moi n'est qu'éphémère, qui cesse d'y attacher une importance exagérée, celui-là détruit en ses éléments les tendances à se réagréger plus tard avec des éléments matériels et, par suite, sait qu'au moins les éléments qui le composent ne feront plus partie de nouveaux êtres appelés à souffrir. Ce sont des *tendances* qui se développent ou, au contraire, qui disparaissent.

Mais ces existences, quelle en est la cause, l'origine ? Une telle question, pour le boudhiste, ne se pose pas. Elle sort du champ des investigations possibles à l'esprit humain. Peut-être se résout-elle pour celui qui a atteint le mystérieux Nirvâna, mais, en attendant, c'est perdre son temps et gaspiller ses forces que de s'y attarder. Boudha veut que ses disciples sachent dire : « Je ne sais pas » avec sérénité, et ne tombent pas au ridicule des solutions enfantines données à des problèmes démesurés pour nous. (1) Le professeur Narasu, après avoir reconnu que les ténèbres recouvrent, pour

(1) Alexandra David.

nous, l'action des potentialités de nature inconnue qui donnent l'impulsion à l'existence individuelle, résume la question ainsi :

« A l'origine se place une potentialité *inconsciente* et, dans la nébulosité de cette vie indéfinie, les tendances à la formation, à l'organisation, produisent d'informes agrégats. De ces matériaux, naîssent les organismes doués de sensibilité, d'irritabilité. Ceux-ci développent la conscience individuelle de l'unité qui différencie le Moi de ce qui n'est pas ce Moi, et fait vivre l'organisme en tant que personnalité. Avec la conscience individuelle, commence l'exploration dans les six domaines de l'expérience appartenant aux cinq sens et à l'esprit. L'exploration dans ces six domaines donne lieu au contact avec le monde extérieur. La perception du monde extérieur, l'exercice des sens et de l'esprit conduisent à l'expérimentation des diverses sortes de jouissances et de douleurs. Ces expériences engendrent, dans l'être individualisé, à travers l'ignorance où il est de sa propre nature, un impérieux désir d'atteindre sa propre satisfaction individuelle. La satisfaction prise dans la jouissance du monde produit la croissance et la continuité de l'existence. L'affirmation du Moi se manifeste elle-même par d'incessants changements ou renaissances et ces changements deviennent des sources de douleur liées à la maladie, la veillesse, la mort. Celles-ci donnent naissance aux plaintes, à l'anxiété, au désespoir ».

Un autre écrivain nous indique que, pour le boudhiste, l'existence est comme une sorte de transmission d'énergie passant de manifestation en manifestation, cette énergie étant l'attachement ou la soif de l'existence.

Ce passage de Narasu est écrit en un langage scientique ultra moderne, résumant l'évolution de l'élément primordial à la matière vivante, de l'être vivant primitif à l'être vivant supérieur et conscient, en un mot, de l'inconscient au conscient.

Et la conclusion de tout ceci est la suivante : c'est de l'affirmation du Moi, de l'attachement à ce Moi, que naît le désir qu'ont tous les êtres, désir avoué ou non, de prolonger leur vie individuelle, même après la mort, en ce monde ou dans un autre, c'est de là que vient leur peur de la maladie, de la souffrance physique et de la mort. Persuadé au contraire que ce Moi n'existe en réalité pas, le boudhiste cesse d'attacher une importance quelconque à ce qui touche ce Moi illusoire, et n'est pas loin d'atteindre le Nirvâna.

Je me propose de traiter prochainement cette question du Nirvâna et celle du Karma. Le Nirvâna étant l'état d'absolue équanimité d'esprit de celui qui a acquis, par la méditation et le raisonnement intérieur, l'intime conviction de l'universelle impermanence de l'univers, et la connaissance des lois qui le régissent. Le Karma étant la loi qui rattache nos conditions d'existence présente aux actions, aussi bien physiques que mentales, de tous ceux qui nous ont précédés, et les conditions d'existence de tous ceux qui nous succèderont, à nos actions et à nos volitions actuelles.

On peut déjà, par ce qui précède, prévoir que la compréhension de cette doctrine, en son intégrité et en son austérité simple, exige un développement intellectuel et mental considérable. Aussi, la grande majorité s'arrêta en chemin et se constitua des boudhismes de fantaisie donnant asile à toutes les superstitions et à tout le matérialisme religieux qui est malheureusement indispensable à beaucoup. De là, ce que nous voyons, à l'heure actuelle, pratiqué sous le nom de Boudhisme en Extrême-Orient.

KARMA

ET

NIRVANA

Maintenant que nous sommes bien persuadés de la non existence réelle de notre Moi, voyons un peu ce que les Boudhistes entendent par le Karma.

D'abord, quel est le sens de ce mot? Bien que dans un certain nombre d'ouvrages boudhistes, le mot Karma soit pris dans le sens : relation de cause à effet, en réalité, il signifie simplement « l'action », par opposition au mot « Vipaka », signifiant « le fruit, l'effet ». Cependant, en Europe, il est pris dans le sens élargi, et l'on dit, incorrectement, la loi du Karma, pour dire la loi de Causalité, en vertu de laquelle toute action engendre des effets. Pour plus de commodité, c'est dans cette acception élargie que nous prendrons ce mot, dans ce qui suit.

Cette question du Karma est, avec celle du Nirvâna, une des plus ardues à saisir, je dirais même à entrevoir, et celà ne tient pas tant à l'inhabitude de nos cerveaux européens à penser comme les Hindous, qu'à la difficulté même du problème. Boudha avait bien pressenti cette quasi impossibilité pour le peuple de comprendre cette question, qui disait : « Ce sera une chose difficile à saisir que la loi de Causalité, l'enchaînement des causes et des effets », et qui hésitait au seuil de sa vie de prédicateur, à cause de cette vérité si difficilement accessible.

Ainsi que je le disais au début de cette étude, un certain nombre des points d'appui de la doctrine de Boudha, furent empruntés par lui à ses prédécesseurs; c'est le cas pour le Karma, qui se trouve déjà cité et discuté dans les ouvrages brahmanistes. De même, les Védantistes actuels l'ont conservé.

A considérer isolée cette doctrine, on n'en aperçoit pas du premier coup d'œil les difficultés de compréhension.

Toute action physique ou morale est conditionnée par des actions antérieures, et aura, elle aussi, une répercussion dans l'avenir. Les effets et les causes forment une chaîne sans fin, dans le passé comme dans l'avenir. C'est tout le problème de l'hérédité et de la rétribution morale de nos actions, et cela paraît tout simple à nos cerveaux inhibés par les doctrines religieuses occidentales. Celles-ci ont eu le soin de prévoir un être suprême placé là exprès pour tout diriger, pour punir ou récompenser chacun après sa mort, suivant ses actions et ses pensées.

Cela paraît aussi, relativement, facilement explicable aux Hindous brahmanistes qui, considèrent l'homme formé de plusieurs éléments, dont l'un, l'âme immortelle, se réincarne sans fin dans des enveloppes mortelles, et sert pour ainsi dire de support aux caractères physiques et mentaux, aux facultés intellectuelles modifiées en bien ou en mal par nos actions dans le cours d'une existence terrestre, et les transporte jusqu'à la prochaine réincarnation. C'est cette âme qui est pour les brahmanistes, le véritable Ego, et qui supporte les conséquences des actions antérieures de ses enveloppes matérielles défuntes ou de ses propres volitions au cours de ses existences passées. Les brahmanistes croyant, d'ailleurs, en un être divin qui dirige l'univers, rien ne les empêche d'admettre le principe de la rétribution morale qui, au lieu de s'appliquer après la mort, comme dans les religions occidentales, n'intervient qu'à chaque réincarnation terrestre ; un tel est sourd, parce que, dans une existence antérieure, il a négligé d'aller entendre prêcher la véritable doctrine ; un tel est dans la misère, parce que, dans une vie antérieure, il était riche, mais avare et inaccessible à la compassion pour la misère d'autrui. A vrai dire, cette rétribution des actions passées est autant le résultat de la volonté de cet être suprême, que l'application brutale par lui de lois réglant les récompenses et les punitions, loi résultant mécaniquement des actions accomplies auparavant : comme dans beaucoup de mythologies antiques, Brahma n'est que le serviteur du Destin.

Mais il en est tout autrement pour le boudhiste, qui n'admet pas d'Ego permanent. Il n'y a plus d'âme immuable promenant une personnalité toujours identique à elle-même dans le temps, au milieu des transformations incessantes de la matière ; il n'y a plus d'être suprême, chargé de tout diriger. Et alors la question du Karma apparaît dans toute sa complexité.

En premier lieu, le Boudhiste nie toute idée de justice distributive et nie égalemant que le seul Karma de chacun règle tous les faits de son existence journalière. Un ouvrage boudhiste le déclare expressément : « Ceux qui affirment que le Karma est l'unique cause des souffrances des êtres et qu'en dehors de lui, il n'en existe pas d'autres, soutiennent une erreur ». Le roi boudhiste Milinda, interrogeant un des disciples de Boudha, Nagasena, sur la cause des malaises dont souffre son maître, Nagasena explique que le nombre des événements se produisant par le fait du Karma est minime, en comparaison de ceux qu'engendrent d'autres causes : « Les ignorants, ajoute-t-il, vont trop loin, quand ils prétendent que toute douleur est une conséquence du Karma ». C'est là une différence considérable d'avec la doctrine brahmaniste, et qui rapproche le point de vue boudhiste de celui de la science moderne : c'est en somme admettre qu'à côté de l'hérédité, le milieu joue un rôle au moins aussi important. Mais ce milieu est constitué par d'autres hommes qui agissent en partie suivant leur propre Karma ; on voit donc que, d'après le Boudhiste, un acte présent est le résultat de la combinaison du Karma de celui qui agit et des multiples Karma de ceux qui ont pu intervenir, de près ou de loin, dans l'accomplissement de cet acte. Le même Nagasena le dit formellement dans un autre passage, pour expliquer que le futur Boudha, dans une existence antérieure, aurait insulté un de ses prédécesseurs, Kassapa : « Sa conduite était due à sa naissance et à son entourage familial... c'est sous l'influence de ce qu'il avait entendu répéter autour de lui qu'il agit comme il l'a fait ». L'effet de l'éducation prime ici, selon Nagasena, les tendances que le jeune homme devait porter en lui, comme fruits karmiques de ses existences passées ; mais ceux qui l'entourent ont agi suivant leur Karma à eux. L'existence est un enchevêtrement inextricable de multiples Karma individuels : premier et important élargissement du principe brahmaniste.

Deuxième point sur lequel le boudhiste se sépare de ses devanciers : puisque l'Ego se dissocie à la mort, puisque la personnalité s'évanouit, l'hérédité psychique de cette ex-personnalité, quand l'énergie animique qui la supporte rentrera dans une nouvelle combinaison vivante, cette hérédité agira sur quelque chose ou plutôt sur quelqu'un de nouveau, sur une personnalité différente de celle qui a agi autrefois; on supporte donc les conséquences lointaines des actes et des volitions d'une quantité d'individualités antérieures, et nos actes et volitions actuelles influeront également sur les conditions de vie d'êtres qui verront le jour bien après notre mort, et qui n'auront de commun avec nous que ce fait : à savoir que quelques parcelles de notre énergie mentale se seront associées à un groupement de cellules matérielles, pour constituer de nouvelles et éphémères personnalités. C'est là la seule doctrine qui cadre avec celle de l'impermanence de l'Ego, et elle est exprimée par des auteurs modernes parlant du Boudhisme original en ces termes : « Un être commet l'acte, un autre en recueille le fruit ». Il faut comprendre que cet autre, bien que constituant un Ego tout à fait distinct du premier, le continue en quelque sorte et en partie puisque certains des éléments du premier font partie du deuxième. Et alors, parvenu à ce point de la doctrine, le boudhiste comprend sa solidarité avec toute l'humanité, passée, présente et future. Il supporte les conséquences des actions d'une infinité d'êtres humains qui l'ont précédé, il agit en conformité du milieu, c'est-à-dire d'après les actes de ceux qui l'entourent, et ce qu'il fait, aura sa répercussion sur les actes de multiples êtres qui vivront plus tard. Les éléments qui le composent, matériels ou mentaux, ont déjà participé à la composition de multiples êtres autres que ses seuls ascendants au sens matériel. Après sa mort, ces mêmes éléments contribueront à former de nouveaux êtres humains, autres que ses descendants propres. Ceux qui vivent en même temps que lui ont en eux des éléments qui ont été autrefois associés aux siens. L'humanité n'est qu'un vaste tout, dont les éléments, les hommes, apparaissent, disparaissent, pour renaître ensuite. La compréhension de cette vérité est à la base de l'amour boudhiste pour ses semblables.

Jusque-là, rien que de facilement compréhensible. Si l'on pousse la question au fond, on se heurte à la véritable difficulté :

« *Puisque l'Ego n'existe pas, que tout est impermanence, qu'est-ce que cela, qui transporte les effets des œuvres accomplies d'une individualité à une autre ?*

Par des œuvres pures, l'homme se prépare (à lui ou à ceux qui suivront) des existences pures, mais où donc est l'homme, alors que la dissolution de son individualité passagère en a dispersé les éléments constitutifs ?

Quel est le véhicule auquel s'attache la substance subtile de l'œuvre, qui, emportée comme une graine par le vent, ira fructifier dans une individualité nouvelle ? » (1)

Voilà le véritable problème posé, et qui n'est pas aisément soluble.

A vrai dire, ce problème ne se pose pas, ou plutôt ne devrait pas se poser, en Boudhisme, puisqu'une des vérités énoncées dès le début, est que l'esprit humain essentiellement impermanent et imparfait, doit savoir reconnaître son impuissance devant des problèmes démesurés pour lui. Mais justement parce que cet esprit est imparfait, il n'aime pas à reconnaître cette impuissance, et il a été de tout temps difficile, sinon impossible, de fixer des limites à ses recherches, qu'il accepte facilement. Déjà du temps de Boudha, maint disciple abordait le problème, que nous trouvons énoncé dans plusieurs ouvrages boudhistes. Dans l'ouvrage intitulé *Les questions du roi Milinda*, se place le dialogue suivant entre le roi qui s'inquiète et Nagasena qui explique :

— Qu'est-ce que cela est, Nagasena, qui renaît ?

(1) Alexandra David.

— Le Nom-et-la-Forme renaîssent (c'est-à-dire la matière sous son aspect tangible, la personnalité matérielle).

— Est-ce donc le même Nom-et-Forme qui renaît ?

— Non, mais par ce Nom-et-Forme des actes sont accomplis, des actes bons ou mauvais, et par l'effet de ceux-ci, un autre Nom-et-Forme renaît.

— S'il en était ainsi, le nouvel être ne serait-il pas libéré de son mauvais Karma ? (ou de son bon).

Nagasena réplique :

— Oui, s'il n'était pas le produit d'une renaissance ; mais comme il est tel, ô roi, il n'est pas libéré de son mauvais (ou bon) Karma. Supposez, ô roi, qu'un homme vole une mangue sur un manguier, et que le propriétaire de l'arbre, l'ayant saisi, le mène devant la justice et l'accuse de son délit. Cependant le voleur dirait : « Je n'ai pas volé la mangue de cet homme. Le fruit qu'il a semé n'était pas le même que celui que j'ai pris. Il n'existe aucune raison de m'accuser. » Que pensez-vous, ô roi, cet homme serait-il coupable ?

— Certainement, il devrait être puni.

— Pour quelles raisons ?

— Parce qu'en dépit de tout ce qu'il peut arguer, la dernière mangue, celle qu'il a volée, résultait de la première, que la propriétaire a semée, et qui a produit l'arbre.

— De même aussi, ô roi, les œuvres bonnes ou mauvaises sont faites par ce Nom-et-Forme et un autre Nom-et-Forme renaît, mais cet autre n'est pas libéré des effets de ses œuvres.

Suivent d'autres comparaisons analogues, démontrant la relation de cause à effet, malgré les aspects très différents qu'ils peuvent revêtir.

Tout ceci ne nous explique pas où réside l'homme après la mort, quel est le véhicule des résultats de nos actions.

C'est tout le mécanisme intime de la transmission des caractères physiques et du mécanisme encore plus compliqué de la transmission des caractères mentaux. Le Boudhisme n'a pas fouillé ce côté de la question, certain qu'il serait arrêté tôt ou tard. Cependant, étant données les idées qui avaient cours dans l'Inde, touchant la constitution de la matière, celle-ci n'étant par ailleurs qu'une des nombreuses manifestations de l'énergie, il est probable que les boudhistes avaient une notion assez claire du phénomène.

Les caractères physiques se transmettaient par une modification appropriée de la substance intime de chaque être. Un alcoolique, par ce seul fait qu'il s'adonne à l'alcool, modifie le protoplasma de ses cellules, notamment de ses cellules génératrices, d'où transmission de cette modification. Quant à la transmission des caractères mentaux, on doit être près de la conception boudhiste en disant qu'elle résulte d'une modification dans le mode vibratoire de l'énergie sensorielle, mémoire ou autre. Quand cette énergie entre dans la composition d'un nouvel être vivant, elle a conservé sa modalité de vibration, et imprime au nouveau cerveau sur lequel elle agit, les mêmes tendances que celles qui lui ont autrefois communiqué cette modalité.

Il faut bien avouer que la science moderne n'est pas allée plus loin dans ses explications. Ou bien, si elle a voulu pousser l'explication plus avant, elle a édifié des théories compliquées et bien peu satisfaisantes, dont on a peine à s'expliquer le succès, même momentané. (Entr'autres, la théorie de Weismann).

Il faut ajouter qu'un caractère physique, l'alcoolisme par exemple, se transmettra également comme caractère mental : le désir de boire, la tendance à boire.

A ce propos, peut-être est-il intéressant de remarquer que Herbert Spencer, dans sa *Biology*, n'a pas exposé d'autres théories que celles du Boudhisme. Il explique la transmission des tendances, et leurs variations, par une théorie de polarité des cellules physiologiques. Cela correspond exactement à la théorie boudhiste des désirs créés dans l'homme par ses actes mentaux et transmissibles, ce que la philosophie hindoue appelle les tanha. Karma et hérédité, tanha et polarité, sont inexplicables quand à leur nature intime : le Boudhisme et la science arrivent à la même borne. Mais ce qui est digne d'attention, est que tous deux reconnaissent le même phénomène sous des noms différents. Quant à l'action réciproque du cerveau sur l'énergie conscience, et de celle-ci sur le cerveau, le même Herbert Spencer, dans son ouvrage *Premiers principes*, écrit ce qui suit : « La seule hypothèse qui se tienne, est que ce qui constitue la conscience est l'éther, élément universel. Comme nous le savons, celui-ci peut-être affecté par les particules de matière en mouvement, et, réciproquement, peut réagir sur le mouvement de la matière, par exemple : l'action de la lumière sur la rétine. En poursuivant ce raisonnement, nous pouvons prétendre que l'éther, qui pénètre non seulement tout l'espace, mais aussi toute la matière, est capable, sous certaines conditions, dans certaines parties du système nerveux, d'être affecté par des modifications de l'état nerveux de façon à ce qu'il en résulte des sensations, et, réciproquement, est capable, dans certaines conditions, de modifier les actions nerveuses ». C'est là un essai d'explication de la transmission possible des tendances psychiques. Il n'y a, d'ailleurs, rien d'étonnant à ce que Herbert Spencer se trouve d'accord avec le Boudhisme, car il l'a beaucoup étudié au Japon, où beaucoup de savants modernes ont publié des travaux remarquables sur le Boudhisme primitif.

Pour résumer un peu ce qui précède, on pourrait faire la comparaison suivante, en modernisant la parabole du char démontable, en ses éléments, que je citais plus haut :

Imaginons un nombre considérable de voitures automobiles de la même marque, assez bien fabriquées pour que les pièces soient interchangeables. Tous les jours, on en démonte un certain nombre, et on se sert des pièces pour remonter un nombre égal de voitures, en ne remontant pas ensemble, de façon systématique, les pièces qui appartenaient auparavant à la même voiture. C'est là l'image des êtres qui meurent, et dont les éléments rentrent dans la formation de nouveaux êtres. Les nouvelles voitures sont à peu près semblables aux anciennes ; cependant, certaines pièces auront joué, d'autres se seront usées, de telle sorte que ces nouvelles voitures auront chacune leurs caractéristiques propres, résultant de l'ensemble des caractères acquis par les différentes pièces, au cours de leurs existences précédentes, faisant partie d'autres voitures. C'est ce qui correspond à l'hérédité des caractères acquis. Mais supposons que le chauffeur d'une de ces voitures, s'apercevant qu'une pièce est trop déformée, la fasse réparer dans un garage : c'est la correction de l'hérédité par l'ambiance.

Il y a plus : imaginons que toutes ces voitures aient des conducteurs. Ceux-ci prennent des habitudes particulières à chacun, pour la conduite : prudence, témérité, allure lente, allure rapide, etc...., habitudes dépendant d'eux-mêmes, et de la voiture qu'ils conduisent, qui obéit plus ou moins bien. Puis, on change ces conducteurs de voiture ; ils transportent avec eux, sur leurs nouvelles voitures, leurs anciennes habitudes : c'est l'hérédité des caractères psychiques. Quant à la tendance que telle forme d'énergie possède, à se réunir à telle forme matérielle plutôt qu'à telle autre, elle peut s'expliquer, si on élargit la comparaison précédente ; imaginons des quantités d'automobiles de plusieurs marques différentes, et des chauffeurs en nombre égal. On met ces chauffeurs en présence des voitures, en leur disant de choisir chacun celle qu'ils préfèrent. Chacun ira de préférence à une voiture de la marque qu'il a l'habitude de conduire, et celà tout naturellement, et bien qu'il soit capable de conduire n'importe laquelle ; il aura une tendance à se réunir à une voiture de la marque qu'il connaît.

Remarquons, en passant, qu'il résulte de la théorie de la non personnalité, qu'il n'y a aucune place dans le Boudhisme, pour une justice distributive personnelle. Karma, dans le sens balance des récompenses et des châtiments, dans le sens théosophique du mot, est un non sens au point de vue boudhiste. « L'œuvre et ses suites, l'action et ses conséquences, la loi de l'enchaînement indéfini des causes et des effets, voilà ce qu'a simplement enseigné le Boudha, sans tenter d'y introduire cette notion de justice égoïste qui nous hante, et qui, mesurant les choses à la mesure étroite de cerveaux qu'égare l'illusion du Moi, paraît, parmi l'immensité des vues de la philosophie hindoue, une bien puérile manie ». (Alexandra David).

Avant d'aborder la question du Nirvana, il est nécessaire de dire quelques mots du déterminisme boudhiste.

L'homme étant considéré comme produit par des causes, soit connues, soit échappant à nos sens, n'étant qu'un agrégat temporaire d'éléments divers, l'homme et ses manifestations ne sont que des résultats.

D'ailleurs, au contraire des Occidentaux qui donnent pour centre, pour directeur à leur organisme physique et mental, un personnage invisible qu'ils appellent leur Moi, et qui dirige les manifestations de cet organisme, le boudhiste dit que c'est justement la réunion des sens, d'un corps, de pensées, de perceptions, etc..., qui fait la personnalité. Ce n'est donc pas parce qu'il existe une personnalité *qui veut*, qu'il se produit des manifestations, mais bien au contraire, c'est parce qu'il se produit des manifestations qu'il existe une personnalité. Cette conception supprime la question du libre arbitre, telle qu'elle a pris naissance dans les théories de ceux qui avaient à la faire cadrer avec leurs théories des sanctions après la mort, ou des sanctions humaines inspirées du même principe de rétribution morale.

Les livres boudhistes parlent de liberté, mais il faut entendre la liberté de celui qui est au-dessus du désir, au-dessus de la crainte, et qui lui permet, quand il juge un fait mauvais, de chercher à découvrir la combinaison d'actions propre à la modifier. Une réponse de Boudha à un de ses disciples donne une définition typique de cette liberté. Le disciple Anatha Pindika aborde son maître et le salue en ces termes : « J'espère, Seigneur, que vous avez dormi en paix », ce à quoi Boudha répond : « Il dort toujours en paix le sage qui est libre... Celui qui n'est pas ébranlé par la convoitise, qui est calme, libéré de l'attachement aux œuvres, et à leurs fruits, qui a brisé tous les obstacles, a éteint toute angoisse en son cœur ; celui qui a fixé la paix dans son esprit, plein de paix, dort en paix ». On voit mentionnée ici la liberté de l'œuvre ; celui-là est libre qui ne s'attache pas avec passion aux fruits des actions qu'il accomplit, qui reste détaché, sans désirs, quant aux résultats. « Sois attentif à l'accomplissement des œuvres, jamais à leurs fruits », dit le Bhagavad Gita. Donc ne pas engager l'avenir : premier point.

Est-ce tout ce que peut faire l'homme, en son existence momentanée ? Non, il peut encore se libérer des fruits des œuvres passées, de son Karma, par la « connaissance », c'est-à dire par l'acquisition de la vérité de la non réalité du Moi. Celui qui parfait cette connaissance, se rend compte de l'inanité des désirs nés de l'hérédité, des tendances mentales ou des impulsions des sens, et se rendant compte de leur inanité, arrive à les refréner, à les maîtriser peu à peu : il a vaincu son hérédité.

En résumé, le boudhiste est déterministe, mais non fataliste ; il croit à l'influence du passé, mais admet des modifications possibles de ce passé, voire même son annihilation, par l'entrée en jeu de l'ambiance ou d'autres causes extérieures. Là encore, il est en complet accord avec la science moderne : un enfant né de parents tuberculeux ne sera pas forcément tuberculeux, mais aura une tendance à la tuberculose. Un fataliste ne chercherait même pas à lutter, disant : « Si cet enfant doit devenir tuberculeux, il le deviendra, rien à faire ». Le déterministe perçoit l'enchaînement des causes et des effets, en faisant intervenir d'autres causes logiquement choisies, et dont il peut disposer : soins médicaux, bonne hygiène, etc... Le fataliste abdique par avance, le déterministe lutte.

Et ceci va nous amener à la question du Nirvâna.

Ce mot est un de ceux qui ont été le plus vite connus et adoptés en Occident, et constitue même, pour beaucoup, tout le Boudhisme. Mais si chacun connaît le mot, peu sont capables de l'expliquer. Pour les uns, c'est le néant, pour d'autres, c'est un lieu de félicités, plus ou moins comparable aux paradis des religions occidentales. Toutes ces conceptions ont ceci de commun, c'est qu'elles sont fausses.

En premier lieu, le Nirvâna n'a pas, pour le boudhiste, l'importance que nous lui supposons. Le mot apparaît rarement dans les plus anciens des livres boudhistes, et l'acception dans laquelle il est pris, est déjà un commencement d'explication. Les écrivains boudhistes parlent du Nirvâna comme de l'état mental des ascètes qui, par la méditation, ont atteint la suprême sagesse et la suprême science, dès cette terre. C'est l'état d'esprit de ceux qui sont libres, comme je le disais tout-à-l'heure, et c'est pourquoi, je voulais traiter cette question de la liberté au sens boudhiste, avant d'aborder celle du Nirvâna. Donc, et c'est capital, les auteurs boudhistes les plus anciens parlent du Nirvâna comme de l'état mental de celui qui a conquis la liberté, qui a vaincu son Karma, qui a atteint la pleine connaissance de l'impermanence des choses, de la non réalité de son Moi.

Les livres boudhistes parlent, certes, de la possibilité d'existence d'autres mondes, où les éléments désagrégés à la mort, peuvent se regrouper, mais ces mondes, tout comme le nôtre, sont soumis à la désintégration, à l'impermanence. Nulle idée d'un lieu définitif de récompense ou de repos après la mort.

Au contraire, le sage qui a atteint le Nirvâna, a, vivant, franchi le seuil qui sépare notre monde d'illusion et d'impermanence, de l'immuable, de l'éternel. Sans doute, les boudhistes distinguent entre le Nirvâna simple, accessible en cette existence terrestre, et le Parinirvâna, qui se place à la mort du sage, quand sa forme terrestre se désagrège. Mais ceci est une distinction à l'usage de nos cerveaux obscurcis par l'illusion de la personnalité, par la créance en la permanence de la matière. Le sage, qui a atteint le suprême degré de science, a perçu la non existence de l'abîme, que semble creuser, pour nous, la dissolution d'un organisme. « Les agrégations d'éléments, leur désagrégation, sont perçues par lui comme les phases, indissolublement liées entre elles, d'un incessant mouvement de transformation se poursuivant dans l'infini du temps et de l'espace. En réalité, mort et vie représentent, par rapport à l'existence, ce que l'aspiration et l'expiration sont à notre vie. Il n'y a là nul cataclysme, mais seulement processus régulier dont le sage embrasse, sinon l'origine et le but, du moins la marche au delà des limites de la personnalité ». (1)

Nous ne trouverons pas dans les livres boudhistes, de définition plus nette et plus

(1) Alexandra David.

précise que celle donnée plus haut, et cela pour plusieurs raisons. En premier lieu, Boudha reste fidèle à son principe, que les discussions métaphysiques sur les sujets inacessibles à notre raison, sont vaines. En second lieu, les espérances dans un au-delà de la mort constituent un danger moral, en ce sens qu'elles sont un lien qui nous rattache à notre Ego, un désir de voir cet Ego survivre, d'où obstacle à l'acquisition de cette liberté dont il a été question. Pour le sage boudhiste, cet Ego n'ayant pas d'existence réelle, peu importe que le Nirvâna atteint par lui dès cette vie, se prolonge inchangé, quand son être mortel se désagrègera.

L'explication du Nirvâna par le Néant est une conception toute occidentale. Pour le boudhiste, rien de ce qui est ne vient du néant, et rien ne peut y retourner ; il y a transformation incessante, il ne peut y avoir ni création, ni anéantissement. Pour le cerveau hindou, le néant ne se comprend pas. D'ailleurs, le Boudhisme niant l'existence d'un Ego permanent, il ne peut enseigner que cela s'anéantit, qu'il vient de déclarer ne pas exister.

Au point de vue étymologique, le mot sanscrit Nirvâna signifie : « Souffler une lumière pour l'éteindre ». Qu'est-ce donc qu'on souffle pour l'éteindre ? « Nirvâna, Nirvâna, disent-ils, ami Sariputta. Qu'est-ce donc que le Nirvâna ? »

demande un ascète à Sariputta, disciple du Boudha. Et Sariputta répond : « L'anéantissement du désir, l'anéantissement de la haine, l'anéantissement de l'égarement, voilà, ô ami, ce qu'on appelle le Nirvâna ».

Un autre texte dit : « Dans ce monde, beaucoup a été vu, entendu et pensé ; la destruction de la passion et du désir pour les objets, qui ont été perçus, est cet impérissable état de Nirvâna. Ceux qui ont compris celà sont réfléchis et calmes parce qu'ils ont vu la loi ; paisibles et divins, ceux-là sont passés au-delà du désir en ce monde ».

Et encore : « Ayant en vue la non réalité, ayant abandonné les plaisirs des sens, étant déchargé des doutes, tu contempleras l'extinction de la convoitise, c'est-à-dire le Nirvâna, jour et nuit ».

Nous retombons sur l'explication donnée en premier lieu. Le Nirvâna semble donc bien être l'extinction, dès ce monde terrestre, de l'illusion de la permanence, de l'illusion de l'existence réelle du Moi, l'extinction des désirs, de la convoitise, l'extinction de nos erreurs, la libération de notre Karma. Ce qu'on éteint en soufflant, ce sont ces illusions, qui nous cachaient la vérité, qui nous cachaient l'impermanence de ce monde. Le Nirvâna est bien un au-delà, mais pas un au-delà de la mort ; c'est l'au-delà de l'erreur, l'au-delà de la croyance fausse à la permanence de notre Moi,

« La mort, dit Alexandra David, ne joue aucun rôle dans la voie qui conduit au Nirvâna. Les agrégats dissous par une action physique, alors que chacune des particules qui les composent est tendue dans un désir effréné de vie individuelle, recréent, sous de nouvelles formes, de la vie individuelle, et n'approchent point du Nirvâna. L'homme vivant, dont la clairvoyance a désagrégé mentalement, avant l'heure, l'assemblage d'éléments formant sa personnalité ; celui qui, de ce point de vue différent du nôtre, ne peut plus concevoir de désirs, d'attachement, de convoitise, d'amour ou de haine pour tous ces objets meublant l'ambiance, qu'il a analysés et décomposés comme il s'est analysé lui-même, celui-là a atteint le Nirvâna ».

Comme je l'ai dit plus haut, la distinction entre le Nirvâna et le Parinirvâna, après la mort du sage, est à l'usage de ceux qui sont encore dans les liens de l'illusion. Pour nous, il existe une différence énorme entre l'état du sage parfait, vivant, et son état, après que son enveloppe terrestre s'est désagrégée ; pour lui, il n'y en a pas.

S'il est donc impossible de saisir cet état mental que seuls connaissent ceux qui ont atteint la sagesse parfaite, et qui ne peut se définir avec notre langage imparfait, on peut cependant affirmer que c'est en le considérant comme un état mental accessible dès cette vie, état d'équanimité parfaite, qu'on approche le plus de la vérité.

Il y aurait encore beaucoup à dire sur le Boudhisme : métaphysique, prétendu pessimisme boudhiste, procédés recommandés par Boudha pour se libérer de la souffrance en ce monde, pour se convaincre de l'impermanence de ce monde, amour du boudhiste pour ses semblables, etc.

Je me bornerai à recommander, à ceux que ces questions intéressent, les ouvrages suivants : *Le Boudha*, par Oldenderg ; *Le Modernisme boudhiste et le Boudhisme du Boudha*, par Alexandra David, livre auquel j'ai emprunté un certain nombre de citations ; plusieurs articles de Lafcadio Hearn, dans ses livres sur le Japon, à savoir : *Nirvâna* et *Within the circle* dans le livre *Gleanings in Budha-fields ; Ultimate questions*, dans *The romance of the milky way and other studies and stories ; The idea of preexistence*, dans *Kokoro ;* à lire également le livre de Lebon, *L'évolution de la matière ; La dégradation de l'énergie*, de Brunhes, *Les théories de l'évolution*, de Delage, et les théories modernes sur la constitution de la matière et de l'énergie.

Choquan, le 16 avril 1922. C ROBERT.

LE BOUDHISME

SON ÉVOLUTION

LE BOUDHISME

SON ÉVOLUTION

Pour comprendre comment, de système philosophique scientifique, qui ignorait volontairement tout dogme religieux, toute conception d'un être suprême omnipuissant, toute métaphysique, le Boudhisme primitif s'est assez rapidement transformé après la mort de Boudha, en une religion véritable (le mot religion étant pris dans le sens qu'on lui attribue généralement, et non pas dans son sens étymologique : quelque chose qui relie entre eux les hommes, de religare, relier), il est nécessaire d'esquisser l'état social et religieux de l'Inde à l'époque de Boudha.

Depuis un certain nombre de siècles, probablement plus nombreux qu'on ne l'admet communément, l'Inde était un pays dominé et gouverné par les brahmanes, caste sacerdotale toute puissante. Aussi haut que nous remontions dans l'histoire de l'Inde, nous trouvons un clergé à l'état rudimentaire, les chefs de famille pratiquant eux-mêmes les diverses cérémonies du culte. Puis, peu à peu, se forme un corps sacerdotal qui se charge de célébrer le culte, dont les cérémonies se compliquaient de plus en plus, ce qui absorbait la majeure partie du temps du père de famille. A mesure que la langue primitive se modifia, les prêtres devinrent les seuls détenteurs de la langue originale, en laquelle avaient été écrits les Védas, bases de la religion, qu'ils restèrent seuls, ou à peu près, en mesure de comprendre et d'interpréter. Çe corps sacerdotal, pour mieux assurer son pouvoir et s'en conserver le monopole, sut inventer et imposer le régime des castes, qui subsiste encore dans l'Inde.

Il y avait alors quatre castes :

Celle des Brahmanes, ou prêtres, caste supérieure et privilégiée, d'origine divine, créée par Brahma, le dieu suprême ;

La caste des guerriers ou Kçatryas ;

La caste des marchands ou Vaiçyas ;

Enfin celle des cultivateurs et artisans, ou Çoudras.

Comme on peut le penser, la caste des Brahmanes jouissait de tous les privilèges ; seuls, ils avaient le droit de procéder aux sacrifices, d'étudier les livres sacrés, d'enseigner à qui bon leur semblait (sauf aux Çoudras), ce qu'ils croyaient devoir révéler de la religion, de conseiller les rois et les chefs, d'abord au point de vue religieux, puis bientôt au point de vue politique et temporel.

Les guerriers avaient pour de voir de défendre le pays et, bien entendu, de protéger les Brahmanes. Parmi eux, étaient choisis les chefs, lesquels n'étaient que des instruments aux mains des prêtres.

Les marchands, en échange de quelques privilèges dans le domaine religieux, par exemple la faculté de célébrer le culte domestique, entretenaient les Brahmanes par leurs dons et leurs offrandes.

La caste des Çoudras était à part : ils n'avaient droit à rien, et devaient travailler pour les autres. Un Brahmane qui aurait célébré pour un Çoudras un sacrifice, eut été dégradé et puni extrêmement sévèrement.

Cette suprématie sacerdotale s'était-elle établie tout naturellement et sans opposition? Il semble bien que non. Des textes primitifs disent que le Kçatrya est au-dessus de tout et que le Brahmane s'assied au-dessous du Kçatrya, ce qui paraît indiquer qu'à l'époque de la conquête de l'Inde par leurs ancêtres, et dans les temps qui suivirent de près cette conquête, les guerriers avaient le premier rang. Les Brahmanes durent vraisemblablement pour grouper les professions en castes, et pour former ces castes, arguer d'abord de la nécessité de protéger le peuple vainqueur contre l'envahissement par les vaincus, qui furent tous placés dans la caste des Çoudras. Puis, leur pouvoir spirituel augmentant, ils prirent insensiblement la première place. Il y eut certainement résistance, et lutte à main armée, lutte dont on trouve des traces dans les livres et les poèmes hindous : une des incarnations de Vichnou est celle, où, sous la forme de Parasou Rama, il vient au secours des Brahmanes en lutte avec les Guerriers, décime ceux-ci, et assure le triomphe de la caste sacerdotale.

La séparation de caste à caste était extrêmement rigoureuse. Aucun mariage n'était admis de l'une à l'autre. Ceux qui appartenaient aux trois premières avaient droit à un certain enseignement religieux, notamment à une initiation qui leur conférait le titre de Dvidja, deux fois nés. Ils pouvaient, à leur mort, obtenir la récompense de leurs bonnes actions, et voir leur âme réunie à Brahma, l'âme universelle, état de béatitude suprême et éternelle, qui leur assurait la fin de toute renaissance et par suite, de toute douleur. S'étaient-ils mal conduits, ils étaient punis par des renaissances dans les corps d'animaux ou par les supplices de l'enfer, mais cet enfer n'était pas éternel et l'âme ainsi châtiée pouvait espérer regagner le terrain perdu.

Il n'en était pas de même des Çoudras, indignes de toute religion, qui ne pouvaient jamais aspirer à l'état de repos suprême, mais dont les âmes devaient être soumises à d'éternelles réincarnations, toujours dans le corps de Çoudras, ou même de gens hors caste, gens du dernier degré social, nés d'unions illicites de caste à caste.

Nous venons de voir qu'il était impossible de s'élever d'une caste à l'autre, pendant l'espace d'une vie terrestre. Par l'ascétisme les Kçatryas ou les Vaiçyas peuvent espérer s'assurer une renaissance future comme Brahmane, et c'est tout. Il n'y a qu'une exception connue dans la littérature hindoue, celle du guerrier Viçvamitra qui, par ses austérités sans précédent força les dieux à l'admettre, avant sa mort, dans la caste des Brahmanes.

En revanche, il est relativement facile aux guerriers et anx marchands de perdre leur caste, par des unions avec des femmes qui ne sont pas de la leur, ou par certains crimes. Les Brahmanes n'échappent qu'en partie à cette déchéance; quels que soient les crimes commis par eux, ils sont frappés bien moins durement que ceux des autres.

Au fur et à mesure que grandit la tyrannie de la caste sacerdotale, l'opposition grandit, par un phénomène tout à fait naturel. Un peu avant le Boudhisme, était apparu le Djainisme qui, pour la première fois, avait inquiété le Brahmanisme, et préparé la voie au Boudhisme ; et il est certain, comme nous le verrons plus loin, qu'une des causes du succès des doctrines Djainistes et Boudhistes fut, sinon leur négation des castes, tout au moins le peu d'importance qu'elles y attachèrent. C'était une manifestation des classes inférieures contre l'oppression ecclésiastique.

On a discuté longtemps pour savoir lequel de ces deux systèmes, Djainisme et Boudhisme, était antérieur à l'autre. La découverte et la traduction de nouveaux documents a permis à la fin du XIXe siècle de prouver sans réplique que le Djainisme fut fondé par Nigantha Nattapoutta, qui fut lui-même maître de Boudha, pendant la période d'études préliminaires et de tâtonnements par laquelle passa ce dernier. De plus, les livres boudhistes mentionnent les Djainistes, alors que les livres djainistes ne parlent jamais des Boudhistes. La priorité appartient donc incontestablement à l'école djainiste.

La plupart des écrits djainistes affirment la supériorité des Kçatryas sur les Brahmanes, ce qui était singulièrement révolutionnaire. Un grand nombre des premiers disciples de cette secte furent des Kçatryas, et encore maintenant, proviennent de cette caste, dans laquelle ils rentrent, s'ils quittent le Djainisme (qui subsiste de nos jours dans l'Inde). Ceci tendrait à prouver que cette doctrine apparut à la suite d'un dernier conflit entre prêtres et guerriers, conflit qui aurait assuré le pouvoir temporel des Brahmanes, d'où protestation sous forme de création d'une secte à part.

Sans entrer dans le détail, disons que le Djainisme ne reconnaissait qu'en partie l'autorité des Védas ; il niait l'efficacité des sacrifices, niait l'immortalité et la toute puissance des dieux, supérieurs aux hommes, mais soumis, comme eux, à la naissance, à la mort, à la réincarnation. Le Djainisme affirmait que le monde est incréé, éternel, sujet seulement à des transformations, passant successivement par des périodes de repos et d'activité, sans fin ni trêve.

L'âme est éternelle, n'étant qu'une partie de l'âme universelle de l'univers. Soumise à des transmigrations incessantes, elle peut, comme conséquence d'une vie vertueuse, atteindre l'état de repos absolu, le Mokça ou Nirvâna.

Si le Djainisme reconnaissait la plupart des dieux du Brahmanisme, encore que fort diminués, il est probable que ce n'était qu'une concession forcée à un adversaire puissant, concession au prix de laquelle il achetait le droit d'exister.

Autre concession forcée, les Djainistes reconnaissaient les castes, mais plutôt nominalement qu'effectivement, et admettaient bien des tempéraments.

Peu après, apparut le Boudhisme qui, ainsi que le passage précédent permet de s'en rendre compte, emprunta au Djainisme un certain nombre de ses principes.

Boudha fut-il un révolutionnaire, s'élevant sciemment contre le régime brahmanique, et sa doctrine fut-elle une doctrine de réaction contre la tyrannie sacerdotale ? Il n'apparaît pas que ce fut voulu de sa part. Cette opposition au régime existant se trouve être une conséquence de ses idées, et non un des principes de son enseignement. Il est cependant à peu près certain que si, lui, ne fut pas inspiré par cette idée de réaction, bon nombre de ses fidèles se joignirent à lui, à cause d'elle.

En ce qui concerne notamment le régime des castes, la base du système brahmanique, et sa sauvegarde la plus forte, Boudha, sans le répudier de façon formelle, peut-être par ménagement politique, n'y attache plus aucune importance : « J'appelle Brahmane celui qui est savant, intègre, charitable, plein de droiture, et non celui qui est né d'un certain père et d'une certaine mère ; j'apelle Paria celui qui est impur parce que déloyal, colère, avare, haineux ou ignorant, et non parce que né dans telle famille. Chacun se fait Brahmane ou Paria par ses œuvres ».

L'anecdote d'un des disciples favoris de Boudha, Ananda, demandant à boire à une jeune fille d'une des plus basses castes, qui tirait de l'eau d'un puits, et ce, sans craindre de se souiller, est typique. Et comme Ananda, ayant bu à la cruche, s'en était allé, la jeune fille avait été trouver Boudha et avait obtenu l'autorisation d'entrer dans un couvent de femmes, la population « bien pensante » et « bien née » de l'endroit avait cru devoir présenter quelques observations au Maître, pour avoir admis une fille Tchandala, c'est-à-dire de la plus vile des castes, comme nonne, ils reçurent cette réponse: « Il y a une différence sensible entre les cendres et l'or, mais rien de semblable ne sépare un Brahmane d'un Tchandala. Un Brahmane ne nait pas comme le feu du sacrifice, il ne descend pas miraculeusement du ciel, il n'arrive pas porté sur le vent, il ne surgit pas de la terre entr'ouverte. Le Brahmane est né de la matrice d'une femme absolument comme le Tchandala. Tous les êtres humains possèdent les mêmes organes, il n'y a aucune différence entre eux.

Comment peut-on les considérer comme étant d'une autre essence que les autres? la nature ne reconnaît aucune distinction de ce genre». (Alexandra David).

De la vie de Boudha, lui-même, nous ne dirons que peu de mots. Sous les légendes qui, peu à peu, ont recouvert la vérité, il est à peu près prouvé que fils de prince, de la caste des guerriers, marié, père de famille, il renonça à ses titres, fortune, famille, pour se livrer à la méditation, et, ayant étudié les divers systèmes philosophiques et métaphysiques enseignés à cette époque, n'en trouva aucun qui fut satisfaisant pour son esprit, médita longtemps, et finalement, conçut son propre système, l'enseigna et devint chef d'école. Il mourut vers 477 av. J. C. De suite après sa mort, une première assemblée de ses disciples se trouvant réunie à Kousinara, choisit cinq cents de ses membres qui allèrent passer la saison des pluies à la grotte de Satapurna, près de Rajagaha, afin de rassembler les éléments épars de l'enseignement du Maître disparu. Ce premier concile, présidé par Mahakaçyapa et tenu sous la protection du roi Ajataçatru, établit les bases de ce qu'on appelle le Canon boudhiste, ou Tripitaka (les trois corbeilles, expression qui vient peut-être de ce qu'à cette époque, on écrivait sur des feuilles de palmier que l'on déposait dans des corbeilles).

Ce Tripataka comprenait le Vinaya ou Règlement, les Soutras ou partie doctrinale, et l'Abhidharma ou métaphysique.

De son vivant, Boudha circulait sans cesse, allant de communauté en communauté, et, en chaque endroit, répondant aux demandes d'explications, aux objections, sans enseignement préparé à l'avance. Sans doute, le fond de ses paroles restait toujours le même, conforme à sa doctrine, mais la forme, les argument variaient à l'infini, suivant la question ou l'objection présentée par son interlocuteur.

Cet enseignement verbal avait été continué par ses disciples, se fiant à leur mémoire, mais obligés, eux aussi, par la diversité des questions posées, de répondre de façons infiniment diverses; leurs explications et leurs commentaires étaient, croyaient-ils, conformes à la doctrine de leur Maître, mais il s'y glissait forcément un élément personnel. Il en résulta que, très vite, des divergences d'opinion se manifestèrent, qui devinrent assez sérieuses pour nécessiter la réunion d'un nouveau concile à Vaisali, où il fut décidé de fixer la doctrine par écrit. Celà laisse supposer que le projet du concile de Satapurna n'avait pas été réalisé, tout au moins complètement. Au cours de ce concile de Vaisali, on décida d'exclure de la communauté plus de 10,000 moines qui considéraient comme permises dix infractions graves au règlement, entre autres, qui admettaient l'autorisation pour les moines de recevoir de l'or et de l'argent, et de boire des boissons fermentées, si elles avaient l'apparence de l'eau. Les exclus formèrent d'ailleurs une réunion plus considérable, et s'intitulèrent représentants de la grande Assemblée, Mahasanghita, premier schisme dans le Boudhisme.

D'autre part, nous avons vu que ce qui avait fait en partie le succès du Boudhisme, c'était les idées si nouvelles, de liberté, de charité, la possibilité d'atteindre le repos final, par des pratiques, en somme, à la portée de tout le monde, aussi bien des Çoudras, des sans-caste que des Brahmanes Opprimés par la caste sacerdotale, dépouillés par elle, comme l'avait été les Kçatryas et les autres, tous avaient vu dans le Boudhisme une doctrine libératrice, et, 200 ans après la mort de Boudha, le Brahmanisme était, sinon détruit, tout au moins considérablement amoindri.

Mais qu'était devenue cette doctrine Boudhiste, si élevée et si pure au début?

Au point de vue matériel, le clergé boudhiste (bien qu'au début les communautés boudhistes n'aient présenté absolument aucun caractère religieux, on emploie pour en désigner les membres le mot de moine ou de religieux) avait perdu peu à peu son activité, son énergie ; voués à la pauvreté, ses membres accumulèrent de grandes richesses, sous le prétexte que ce qui n'est pas permis aux moines, l'est au couvent. La propagande doctrinale n'est plus un but, mais un moyen pour acquérir de l'influence. Bref, le Boudhisme commettait les fautes qu'il reprochait aux brahmanes d'avoir commises.

Au point de vue moral, il est certain que la pure doctrine philosophique primitive était beaucoup trop austère pour la grande majorité, La négation, sinon de l'existence des dieux, tout au moins de leur action créatrice, directrice, en ce bas monde, a été une des causes de la décadence du Boudhisme. Comme nous l'avons dit plus haut, à l'exception de quelques esprits tout à fait hors de pair, issus des Brahmanes ou des Kçatryas, la grande majorité des disciples étaient des petites gens, des déshérités, des humbles, qui trouvaient une consolation dans cette idée d'égalité devant la Délivrance, prêchée par Boudha. Il en résultait que le plus grand nombre n'était pas en état de comprendre cet univers sans créateur, où les dieux, s'il y en a, sont mortels et sans puissance, cet univers n'obéissant qu'à des lois uniquement physiques, non dirigé par une pensée consciente, mais chimiques et mécaniques. Boudha le sentait bien, et avait lontemps hésité à répandre la vérité sur la non permanence du Moi, se rendant compte qu'un pareil enseignement resterait incompris du plus grand nombre. Beaucoup chancelaient, livrés à eux-mêmes, n'ayant plus cette apparence d'aide qu'était pour eux l'idée d'un au-delà matériel, d'une survivance avec récompense possible. Ils avaient d'autant plus de peine à s'adapter à de telles croyances que depuis des millénaires, la pensée hindoue avait évolué autour des dieux innombrables et intervenant sans cesse dans les affaires de ce monde; le vieux levain des hérédités religieuses fermentait, et ils se composaient un système mixte, amalgamant à la nouvelle doctrine leurs anciennes croyances, sentant bien qu'il y avait quelque chose de beau et de grand dans le Boudhisme, mais ne pouvant se résoudre à renoncer à leurs dieux anthropomorphiques.

Ainsi, même en se disant adeptes du Boudhisme, le plus grand nombre n'en restait pas moins fidèle à Brahma, et à tous ses dieux associés; puis, après la mort de Boudha, par un phénomène bien naturel, celui-ci passa peu à peu de l'histoire dans la légende. S'il avait eu tant de succès, si sa doctrine s'était développée si rapidement, ce ne pouvait être l'œuvre d'un homme, mais bien d'un envoyé de ces dieux dont on parlait; après quelques centaines d'années, ce n'était plus un envoyé des dieux, mais l'un d'eux, le plus puissant, et voilà l'imagination humaine satisfaite. L'esprit humain avait de nouveau un point d'appui extérieur à son système, où se raccrocher aux moments de faiblesse. Pour concilier cette théorie avec celle des vieux principes cosmogoniques enseignés par les Brahmanes, d'après lesquels le monde passe incessamment par des périodes de condensation, c'est-à-dire de vie, et de dispersion, c'est-à-dire de mort, il fallut bien admettre que les dieux s'étaient toujours occupés du monde et, par conséquent, qu'il y avait déjà eu des prédécesseurs au Boudha Gautama ; on admit donc qu'il y avait un Boudha par kalpa, soit 4 dans une période complète d'activité de l'univers, car une telle période comprenait 4 kalpa (un kalpa = 84.000 ans).

Les Boudhas sont des hommes qui ont obtenu ce rang de dieu par la pratique de la vertu, de la connaissance et de la charité. Mais là encore, l'esprit méticuleux et classificateur des Hindous faisait des distinctions. De tous ceux qui arrivent au salut, les uns, le plus grand nombre, arrivés au terme de leurs efforts, se contentent d'entrer dans le Nirvâna, et ne s'occupent plus du monde et des hommes : ce sont les Pratyeka Boudhas. Au contraire, quelques-uns, en nombre infime, les Boudhas parfaits (Çakyamouni en est le type), non seulement s'occupent de leur propre salut, mais aussi de celui du genre humain tout entier. Ils retardent leur entrée dans le Nirvâna pour prêcher aux hommes la doctrine de la Délivrance. Une fois entrés dans Nirvâna, ils ne peuvent plus renaître, leur enveloppe matérielle (Nirvânakaya) et leur enveloppe semi-matérielle (Sambhogakaya) étant irrémédiablement détruites ; mais ils continuent cependant à s'occuper de l'humanité, en inspirant les Arhats (disciples parvenus au seuil de la sainteté), et les Bodhisatvas (candidats Boudha, qui n'ont plus qu'une fois à renaître avant d'atteindre le Nirvâna).

Des notions de lieu matériel de repos pour ceux qui, bien que devant encore renaître, se sont conduits de façon vertueuse, ont pratiqué la charité, semblent s'être introduites de la Perse, avec laquelle les relations étaient très actives. On commence à parler d'un Paradis situé vers l'Ouest, appelé Soukhavati, rempli de fleurs, d'oiseaux, etc... Il fallait matérialiser quelque peu pour le commun des fidèles, absolument incapable de concevoir le Nirvâna, le non-Moi, etc.

Et que devenait le Brahmanisme, dans tout cela ?

Le Brahmanisme, à peu près disparu, n'avait pas désespéré ; mais avant de voir comment il s'est relevé, il est nécessaire de poursuivre l'histoire de l'Inde pendant quelques temps, de façon très abrégée.

En 325 av. J. C., Alexandre le Grand était arrivé dans la région nord-ouest de l'Inde, et après avoir conquis une partie du Pendjab, dut battre en retraite, retraite au cours de laquelle il mourut. Ses possessions asiatiques furent partagées et un certain nombre de petits royaumes grecs se fondèrent dans cette partie de l'Asie.

Dans le royaume alors le plus important de l'Inde, le royaume de Magadha, la dynastie au pouvoir fut renversée par un homme de basse caste, Sandragupta (le Sandrakottos des historiens grecs), qui monta sur le trône du roi qu'il avait fait périr. C'était un prince énergique, qui combattit avec succès les vice-rois institués par Alexandre le Grand et ses successeurs. Il transporta sa capitale de Rajagaha à Pataliputra (Patna) et, pour la première fois, réunit en un seul royaume tout le nord de l'Inde. Ce changement politique fit le plus grand bien au Boudhisme, car Sandragupta, probablement à cause de son origine (il sortait de la caste des Çoudras), le protégea constamment. Il en fut de même de son fils Bimbisara. Quant à son petit-fils, qui régna sous le nom d'Asoka, il se déclara ouvertement boudhiste, et joua pour la nouvelle église le rôle que remplit plus tard Constantin pour le Christianisme. Asoka publia un certain nombre d'édits (dans lesquels il s'intitule Piyadasi, celui qui est plein d'amour pour ses semblables), pour recommander à ses sujets les préceptes boudhistes, entre autres : l'obéissance aux parents, la bonté envers les descendants et les amis, la compassion envers tous les êtres vivants, le respect des religieux, l'amour universel et la tolérance. Ces édits nous parlent de routes, de fontaines et d'hôpitaux créés par ordre du roi ; ils nous parlent également de missions de propagande envoyées par le roi dans tous les autres états de l'Inde, dans tous les pays voisins, l'Afghanistan, Ceylan, la Birmanie, Java, le Siam.

Par l'Afghanistan et le Turkestan chinois, le Boudhisme gagna la Chine, la Corée et enfin le Japon.

Un troisième concile se tint sous le roi Asoka, en 246 av. J. C., à Pataliputra, et il semble que ce fut ce concile qui fixa définitivement le canon boudhiste.

C'était la belle période du Boudhisme, bien que, comme il a été dit plus haut, la doctrine primitive eut déjà subi de graves altérations. Les moines, avec l'appui d'Asoka, accompagnaient les caravanes commerciales, et emportaient avec eux les livres sacrés. Dès l'an 2 ap. J. C., des livres avaient été envoyés en Chine ; en 65, l'empereur Ming Ti avait envoyé une mission aux Indes, pour en rapporter des livres et des images sacrées. Plusieurs pèlerins chinois, dont nous reparlerons plus loin, avaient fait le voyage.

Mais la décadence était proche. Les relations amicales qui, après un premier conflit, s'étaient établies entre Asoka et le royaume des Seleucides, ne durèrent pas longtemps. Après la révolte des Satrapes de Bactriane contre les Seleucides, se fondèrent de nouveaux états grecs avec leurs rois particuliers, qui se dressèrent comme un mur de protection contre les peuples menaçants de la Haute-Asie. Par la suite, ces rois devinrent si puissants, qu'ils étendirent leurs conquêtes jusqu'à l'Inde proprement dite. Le plus intéressant parmi eux est le roi Menandros (vers 150 av. J. C.) qui n'est pas autre que le roi Milinda, dont il est tant parlé dans le Boudhisme, ce qui prouve qu'à cette époque lointaine, le Boudhisme commençait déjà à gagner les pays voisins. Les combats incessants des Grecs entre eux affaiblirent leur pouvoir et rendirent possible l'invasion de hordes scythes, qui étaient redoutées comme un danger permanent depuis des siècles.

Ces Indo-scythes, ou Ephtalides des Grecs, Yue Chi 月氏 des historiens chinois, Turushka des Hindous, Kushan comme ils s'appelaient eux-mêmes, furent les héritiers des trônes grecs, et descendirent vers l'Inde.

Bien qu'ils aient mis fin à la domination grecque, ils en conservèrent assez longtemps la civilisation, empruntant également aux Chinois, aux Hindous et aux Perses. Les princes de cette race mettaient sur leur monnaies des divinités au type grec, avec des inscriptions grecques et hindoues, et traduisaient les livres boudhistes du sanscrit en chinois. Il semble qu'à leur cour, il dut y avoir un mélange de races et de religions, comme ce fut le cas plus tard pour les empereurs mongols à Karakorum. Là où avait échoué Alexandre, les Indo-scythes réussirent, et vers 100 ap. J. C., le roi Kanichka vainquit le successeur d'Asoka, et domina dans tout le nord-ouest de l'Inde. Il s'intitulait d'ailleurs le roi des rois, et ses monnaies portaient la représentation de Boudha, en style grec, avec l'inscription grecque boddo.

Le 4e et dernier concile de l'église boudhiste eut lieu sous ce roi, qui semble avoir été un second Asoka. Ce concile, qui se tint à Jalandhara (Kachmire) est décisif, par la scission durable qu'il effectua, ou plutôt qu'il consacra. Au cours de ce concile, on s'efforça de reconcilier les différentes sectes qui avaient été exclues du Boudhisme, et de reviser de nouveau les livres sacrés. Ces textes ne furent plus établis dans la forme dialectale, mais en sanscrit. Ce sont ces textes sanscrits, auxquels furent adjoints de copieux commentaires, qui formèrent, par la suite, la base des traductions dans les langues non hindoues.

Nous venons de parler d'une scission dans le Boudhisme : tout le monde connaît, au moins de nom, les deux grandes écoles du Mahâyana et de l'Hinayana. Voici, en quelques mots, ce qui constitue la différence essentielle entre ces deux écoles.

Au cours des siècles précédents, les religieux avaient maintes fois discuté cette question : comment peut-on devenir Bodhisatva ? Un grand nombre de disciples y voyait le but à atteindre, afin de marcher sur les traces de leur Maître. Puis, de secondaire quelle était au début, cette question passa peu à peu au premier plan, et devenir Bodhisatva fut le but principal de la religion, d'où le nom de Mahâyana que l'on donna à cette doctrine, la Grande Voie, ou le Grand Véhicule, par allusion à la grandeur du but visé. L'école Mahâyana, mettant comme objectif à l'existence l'obtention du rang de Bodhisatva, devait naturellement vénérer tout particulièrement ceux-ci, et notamment celui qui attendait son tour pour venir sur terre prêcher la loi aux hommes, c'est-à-dire Maîtreya. C'est là le point de départ de la scission entre les deux grandes écoles du Boudhisme, mais le Mahâyana ne devait pas s'arrêter en si bon chemin, et bientôt il n'hésita pas à se lancer dans les spéculations métaphysiques les plus risquées. En parlant du Boudhisme thibétain, nous le retrouverons.

L'église sud ne connaît pas le concile de Kanichka. Ses moines mettent leur ambition à obtenir seulement leur propre salut, c'est-à-dire la délivrance de la douleur, suivant en celà plus exactement les enseignements de Boudha. Aussi leur doctrine ne porte-t-elle que le nom de Hinayana, Petite Voie ou Petit Véhicule. Sans doute, s'est-elle détachée du tronc commun, à un moment où la doctrine pure primitive était déjà adultérée, car on trouve dans cette église du sud, une Mythologie que n'y avait pas prévue Boudha, mais il semble qu'au lieu de continuer à se dégrader de plus en plus, elle en soit restée où elle en était, au moment de la scission, tandis que l'école du nord, une fois lancée, ne s'arrêta pas.

L'église du sud fixa son canon en pâli, et le fit avec un puritanisme indéniable ; car il n'est pas douteux que le canon pàli, bien qu'il possède les plus anciens textes boudhistes dans quelques-unes de ses parties versifiées, cependant, en plusieurs endroits, tourne court, là ou le canon de l'église nord va plus loin, ou a été mieux conservé. L'église du sud, dont le centre était toujours à Ceylan, déjà converti sous Asoka, envoya par la suite des missions dans l'Inde du sud et les pays environnants.

Incidemment, il est intéressant de rappeler que c'est à cette période de domination des Indo-scythes qu'appartiennent les merveilleux restes d'un art très répandu, qu'on appelle la période artistique gréco-boudhiste, à cause de l'influence indéniable des formes antique, due à Alexandre le Grand ou à ses successeurs. Il se peut même qu'une influence romaine se soit manifestée. Cette époque a reçu également le nom de période artistique de Gandhara, pays d'où est sortie la plus grande partie des monuments trouvés jusqu'ici, et appartenant à cette école gréco boudhiste. Le pays dans lequel se rencontrent les restes de cet art est la région comprenant la vallée inférieure de Kaboul, le pays actuel des Afridis et des Mohmands une partie du district et Ravalpindi avec l'ancienne ville de Takshasila, de enfin le district de Yousoufzai, restant du royaume indépendant d'Uyadana (le Jardin). Les fameux colosses de Bamian, sur la route royale Indobactrienne, appartiennent à la période de Gandhara, ainsi que les ruines découvertes plus au nord, près de Khotan, et les monuments retrouvés par les Russes dans le désert de Takla Makan (Tourfan).

Les meilleures sources de renseignements sur les conditions politiques et religieuses de l'Inde à cette époque sont les œuvres des pèlerins venus de l'étranger, de la Chine, par la vieille route commerciale des caravanes, qui traversait le Turkestan. Ils venaient visiter les lieux saints, et remportaient des livres, des images sacrées et des reliques. C'est ainsi que nous savons que déjà en l'an 2 av. J. C. on avait envoyé des livres boudhistes à l'empereur chinois Ai-Ti 哀帝 ; que l'empereur Ming-Ti 明帝 en 62 ap. J. C. à la suite d'un rêve, qui lui avait montré une apparition céleste entourée de rayons d'or, s'approchant de son trône, envoya des ambassadeurs aux Indes pour lui en rapporter des livres et des images. Les images qui lui furent rapportées lui montrèrent ce même personnage qu'il avait vu en rêve.

Les relations avec l'Inde augmentèrent, et au 4e siècle ap. J. C., le Boudhisme était la religion officielle en Chine, sans avoir cependant supprimé les anciennes croyances. Jusqu'au 7e siècle, ces relations semblent avoir été suivies. Les pèlerins Fa-Hien 法顯 (vers 400 ap. J. C.), Song-Yunn 宋雲 (vers 518 ap. J. C.) et le fameux Huan-Tsang 玄奘 (629-648 ap. J. C.) nous ont rapporté des récits plus ou moins détaillés de leurs voyages, récits qui sont pour nous des sources inappréciables. Ils introduisirent en Chine les livres sacrés du Boudhisme, livres qui furent traduits en chinois ; l'art suivit les livres.

Vers 372 ap. J. C. le Boudhisme pénétra en Corée, et, en 552, il passa au Japon. Les œuvres d'art importées des Indes pénétrèrent également et on trouve encore au pays du Soleil Levant l'ancien style qui trahit l'école gréco-hindoue, tandis qu'en Chine, il fut bientôt submergé par de nouvelles créations dans le domaine religieux (surtout à cause d'une certaine école Dhyana, qui était hostile à la représentation par l'image). Cette influence gréco-hindoue se fit sentir dans d'autres pays, par exemple à Java, où de splendides œuvres d'art subsistent encore (temple de Baraboudour).

Ceci dit, revenons au Brahmanisme. A la mort du roi Asoka, son royaume fut morcelé, et ses successeurs n'eurent plus le même zèle que lui, à protéger le Boudhisme. Le Brahmanisme en profita, pour reconquérir le terrain perdu, mais il s'adapta aux circonstances nouvelles : on peut dire qu'il se démocratisa, adoucissant ce que ses dogmes avaient de trop rigide et de trop tyrannique. Il fit plus : la nécessité de lutter contre l'ennemi commun, le Boudhisme, amena la réconciliation des deux grandes sectes du Brahmanisme, le Víchnouisme, et le Sivaisme. Le dogme de la charité universelle, enseigné par Boudha, était peut-être celui qui avait le plus contribué à son succès auprès des masses : le Brahmanisme s'empressa de trouver Krichna, incarnation de Vichnou, venu en ce monde comme sauveur de l'humanité, et rachetant les hommes par ses souffrances et sa mort. Puis, le Brahmanisme profita des fautes commises par ses adversaires. Comme nous l'avons dit, l'austère et primitive doctrine boudhiste avait bien faibli, la pauvreté des communautés avait fait place à un luxe, à une richesse comparables à ce qu'on reprochait autrefois aux Brahmanes. Le désintéressement d'antan s'était mué en aspiration au pouvoir temporel. Les Brahmanes sautèrent sur l'occasion et la lutte, spirituelle d'abord, peut-être suivie d'une lutte par les armes, reprit, plus ardente que jamais, pour se terminer par la victoire complète du Brahmanisme, tout au moins dans l'Inde, c'est-à-dire sur son ancien territoire. Le pèlerin chinois Fa Hien visita l'Inde, avons-nous dit, au Ve siècle ap. J. C., et trouva le Boudhisme prospère ; Huan Tsang, qui vient 200 ans plus tard, trouva les lieux sacrés du Boudhisme ruinés et abandonnés. Au XIe siècle, c'était la fin : les derniers fidèles avaient fui, ou s'étaient réfugiés dans les communautés djainistes qui avaient joui d'une tolérance relative, parce que moins dangereuses pour le Brahmanisme, ayant beaucoup moins de fidèles.

Si le Boudhisme avait été anéanti dans l'Inde du nord, son berceau, il subsistait dans les contrées voisines, et même y prospérait. Ce succès est dû en premier lieu à ce qu'il ne se heurta nulle part à un adversaire de la taille du Brahmanisme, et aussi à ce fait que, ayant de plus en plus perdu son caractère austère et élevé du début, il s'était plus ou moins fusionné avec les dieux rencontrés en route, au point de perdre les derniers liens qui l'attachaient encore à l'enseignement du Boudha.

Le Boudhisme du nord trouva un terrain d'élection au Thibet, et c'est encore, de nos jours, le centre de l'école Mahâyana.

Nous allons en dire quelques mots.

Premier parmi les saints de cette église, et en même temps fondateur du Mahâyana, apparaît un personnage merveilleux, entouré de légendes, Srinatha Nagarjuna, ou le Bodhisatva Nagarjuna. On lui attribue une existence sans fin, qui aurait duré plus de 300 ans. Décapité comme martyr (ce qui laisserait croire comme je le disais plus haut, que la lutte contre le Brahmanisme fut peut-être sanglante), mais vivant malgré tout, auteur d'une quantité considérable d'ouvrages sur la philosophie et la sorcellerie, Nagarjuna se retrouve partout où il s'agit des plus anciennes traditions de l'église du nord.

Né dans l'Inde du sud, de caste brahmanique, il s'appelait Arjuna, et reçu le surnom de Naga, parce que la tradition assurait que ces êtres fabuleux lui avaient fourni de précieux renseignements sur le Boudhisme (on le représente souvent abrité par 7 Nagas.) Une légende chinoise le fait parcourir les Indes, étudiant toutes les sciences, astronomie, géographie, arts religieux et magiques, aussi bien que les Védas, qu'il connaissait par cœur depuis son enfance. Cette légende lui prête trois professeurs éminents et dit que, finalement, il trouva le moyen de se rendre invisible. En cet état, il visita avec ses amis le harem d'un roi, mais on découvrit les traces de leurs pas, et ses trois amis furent massacrés. Son habileté à se cacher, et le vœu qu'il prononça de devenir moine, lui sauvèrent la vie. Il accomplit son vœu, apprit le Tripitaka, et, d'un vieil ermite de l'Himalaya, le Mahâyana. Mais tous les commentaires sur cette doctrine ne le satisfaisant pas, il chercha à formuler de nouveaux principes, sans y réussir. C'est alors que le roi des Nagas l'emporta dans la mer, et lui communiqua des livres inconnus, où il trouva ce qu'il cherchait.

Il réussit à former de nombreux disciples, et convertit un roi hindou, par des miracles.

Abstraction faite des légendes qui le concernent, il est certain que, d'une part, il fut le fondateur du Mahâyana, et que de l'autre, l'art de la période gréco-hindoue appartient au Mahâyana (de 30 av. J. C. jusque pendant plusieurs siècles après). Il a donc dû vivre à cette époque. Eitel donne 194 ap. J. C. comme date de sa mort.

En plus du principe fondamental du Mahâyana énoncé plus haut, comme noyau de sa doctrine, apparaît souvent l'expression Suniata, qu'on peut traduire par le Vide. D'après le boudhisme primitif tous les êtres ont seulement une apparence d'existence (satva). Dans l'apparence humaine, on peut obtenir la délivrance, c'est-à-dire la fin des réincarnations. Le but principal de chacun était d'obtenir cette délivrance, par la maîtrise de soi-même et par la pratique de certaines vertus, en premier lieu, la charité. Les divergences d'opinion s'étaient bientôt manifestées et, au concile de Vaisali, les moines n'avaient pu se mettre d'accord que sur un seul principe : l'enseignement du Boudha ne peut comprendre que ce qui n'est pas contraire à la raison. Nagarjuna formula ce principe que la négation de l'existence du monde entraîne également la négation de sa non-existence. Il faut renoncer au monde, non pas parce qu'il est la cause de la souffrance, ainsi que l'enseignait Boudha, mais à cause de sa non-réalité. Une bonne conduite morale habituelle ne suffit pas pour obtenir la délivrance, il faut y ajouter la pratique des vertus extraordinaires : aumône, moralité, patience, application, méditation et sincérité. Puisque le monde est irréel, il faut en détacher son esprit : s'abandonner à une représentation mentale quelconque est déjà une cause de ténèbres, un obstacle à la pureté d'esprit. La vertu de bienfaisance est étendue à ce point que le religieux doit tout donner pour sauver les créatures vivantes, même sa vie. Pour celui qui a atteint «l'autre rive du monde» l'espace et le temps, tout ce qui est périssable, n'existe plus.

Le Mahâyana consacre l'adoption des dieux du Brahmanisme, des Boudhas et des Bodhisatvas. Mais la métaphysique intervient; chacun de ces dieux, de ces Dhyaniboudhas, de ces Dhyanibodhisatvas est considéré comme principe créateur. On les double d'une énergie réceptrice ou féminine, leur Sakti, grâce à laquelle ils peuvent se manifester. Les statuettes de divinités thibétaines représentant des Boudhas enlaçant une déesse, et dans lesquelles on ne voit généralement qu'une figure un peu osée, ne sont rien de cela. Elles sont l'image du dieu mâle ou principe créateur, se servant de son énergie femelle ou réceptrice, pour créer. La vieille métaphysique hindoue reparaît : l'énergie agissant sur l'élément primordial pour former le monde.

Mais dans la doctrine des Védas, il y avait encore un germe qui devait se développer rapidement. Les Védas préconisaient les prières et les sacrifices, comme ayant une action efficace et forcée sur les dieux. D'autre part, d'après le Mahâyana, celui qui a dominé l'illusion de ce monde, peut dominer ce qui est soumis à l'illusion. Sa parole, prière ou exorcisme, doit donc être bien plus efficace que celle de tout autre. On en arrive à enseigner que certaines formules sont impératives pour les divinités, à condition de n'en changer ni le ton, ni les mots Les gestes des mains qui accompagnent ces prières deviennent rituels, et ont aussi des propriétés surnaturelles. L'antique doctrine de la conjuration et de l'art magique se développa de nouveau. En échange du sacrifice, la divinité est obligée d'accorder ce qu'on lui demande : la magie devint bientôt l'objet principal de la religion.

Mille ans après Gautama, naquit, d'après Huan Tsang, un autre moine qui joua un rôle important dans cette fusion de la religion hindoue avec le Mahâyana. D'origine brahmane, il s'appelait Vasubandhu. La doctrine du Vide lui apparut tout d'abord tellement abstraite que, de désespoir, il aurait voulu se tuer. Une longue période de méditations le mit sur le vrai chemin, et il put enfin saisir la doctrine Mahâyana dans son ampleur ; il reçut alors le nom d'Asanga, « qui ne connaît plus d'obstacles ».

Asanga modifia légèrement la doctrine Mahâyana, en donnant un rôle extrêmement important à la méditation, grâce à laquelle il avait pu découvrir la vérité. Le système d'Asanga, l'école des Tantras ou des Yoga, met au point et classifie les principes énoncés plus haut.

Par des formules mystiques (dharani et tantra), le religieux (Yogi) avec accompagnement de musique, et avec des positions magiques données aux doigts, parvient à un degré d'extase (Samadhi), dans lequel il voit les dieux ou le bodhisatva qu'il désire consulter, et obtient un pouvoir magique.

Des cercles magiques, des offrandes, sont indispensables. Une espèce spéciale d'incantation est celle qui a lieu au moyen d'un cadavre récent, dans lequel on appelle un esprit, pour obtenir de lui, quand il descend animer le corps, un pouvoir surnaturel.

Le plus jeune frère d'Asanga est le saint appelé Vasubandhu, représentant de la doctrine d'Amithaba, qui habite le paradis Soukhavati, où les âmes des justes renaissent de fleurs de lotus. Renaître en ce lieu est le but des laïcs vertueux, qui n'ont pu se décider aux efforts pénibles à faire pour devenir Bodhisatva. A l'heure actuelle, le Boudha le plus vénéré en Chine et au Japon est Amithaba.

Dans ce vaste système mythologique et métaphysique qu'est le Mahâyana, (alors que le Hinayana est resté plus philosophique et scientifique), le vieil esprit hindou s'en est donné à cœur joie. Non seulement il a adopté les Boudhas des différentes époques (qui sont au nombre de cinq par Kalpa dans le Mahâyana), mais il a fait des distinctions subtiles entre plusieurs espèces de Boudhas. Il y a les Dhyaniboudhas ou Boudhas spirituels, n'existant qu'en abstraction, en principe, et à chacun desquels correspond sur terre un Boudha humain ou Manoushi Boudha, lequel est chargé d'enseigner la doctrine de la délivrance aux hommes. Pour notre époque, les quatre Dhyaniboudhas passés et celui à venir sont :

Vairocana
Akshobhya
Ratnasambhava
Amitbaba
Amoghasiddhi.

A chacun d'eux correspond un Manushi Boudha :

Krakucchanda
Kanakamuni
Kacyapa
Çakyamuni
Maitreya.

On voit que Amithaba était le Dhyaniboudha de Çakyamuni. Ces Manushi Boudhas étaient les derniers d'une série de vingt-quatre, dont le premier était Dipankara, dans une période du monde précédente, bien entendu. Dipankara, Çakyamuni et Maitreya forment au Thibet une triade très honorée.

Aux deux corps qu'on attribuait déjà à chaque Boudha, le Nirvânakaya, corps du Bodhisatva, au moment où il est devenu Boudha et le Sambhokaya, ou corps de la sainteté, on a ajouté le Dharmakaya, corps abstrait du Boudha, comme représentant de la loi, de la doctrine. C'est le Dharmakaya qui vient habiter momentanément l'image d'un Boudha, au cours d'une cérémonie donnée en son honneur.

Enfin chaque Dhyaniboudha est encore doté d'un fils spirituel, créé par la Dhyana, ou méditation abstraite, et chargé de continuer l'œuvre d'un Boudha humain jusqu'à l'arrivée de son successeur. Ce fils spirituel est appelé Dhyanibodhisatva ; c'est l'incarnation du Boudha dans le monde des formes, tandis que le Manushiboudha est l'application pratique de l'essence de son intelligence, dans un corps capable de se transformer de toutes façons à sa volonté. Çakyamuni étant entré au Nirvâna, et le futur Boudha terrestre, Maitreya n'étant pas encore venu, le monde est actuellement dirigé par un Dhyanibodhisatva, Padmapani, Lokeçvara, (Angkor) ou Avalokiteçvara, qui s'est plus tard assimilé, en atteignant la Chine, une ancienne déesse locale, et n'est pas autre que la divinité si connue sous les noms de Koann Inn en pekinois, Kounn Yam en cantonais et Kwanon en japonais.

Nous avons déja dit que tous ces Dhyanibouddhas et Dhyanibodhisatvas étaient dotés d'une Sakti, énergie réceptrice femelle; la sakti du Dhyanibodhisatva Avalokiteçvara n'est probablement que la déesse hindoue Lakshmi.

Enfin, la vieille idée brahmanique d'une âme universelle, le vieux dogme de Brahma, créateur du monde, ont reparu dans le Mahâyana, sous forme d'une âme universelle, Alaya, et d'un Boudha suprême, Adi Boudha, éternel et chef de tous les autres.

C'est ce boudhisme de l'école Mahâyana que nous retrouvons au Thibet, où il fut introduit au IVe siècle ap. J. C., par la vallée de la Sutletdge. Au VIIe siècle, il devint la religion officielle, tout en absorbant les dieux locaux, ce qui ne contribua pas à le ramener à sa pureté primitive. Les Thibétains admettent tous les Boudhas des époques antérieures, et notamment le Boudha Suprême, les cinq Dhyaniboudhas et Manoushi Boudhas de l'époque actuelle, avec leurs cinq Dhyanibodhisatvas. Mais pour eux, Çakyamouni n'a qu'un rang secondaire. Le plus vénéré est Amithaba, qui règne dans le paradis de Soukhavati. Son fils spirituel Avalokiteçvara, est le protecteur spécial du Thibet, sous le nom de Cenresi. Enfin, ils ont adopté tous les anciens dieux hindous, principalement ceux qui ont pour tâche de combattre les démons, Siva sous le nom de Yab Yum Chud Pa, la déesse Dourga sous le nom de Lhamo, Brahma sous le nom de Tsang Pa, et surtout Vichnou, sous le nom de Vajrapani. Il est très probable que nous retrouvons là les restes d'un culte démoniaque, préexistant à l'introduction du Boudhisme, et dont il y a d'autres traces, notamment les fameuses danses sacrées du Thibet, dans lesquelles les acteurs portent des têtes d'affreux démons.

Ce qui est surtout intéressant dans le Boudhisme du Thibet, c'est la forme de domination temporelle que nous y rencontrons, exercée par les religieux boudhistes.

L'institution de Lamaisme, comme on l'appelle, date du xve siècle, époque à laquelle un moine, Tsonkappa, supérieur d'un couvent de Lhassa, voulut réformer la religion, et en extirper les abus matériels et les hérésies doctrinales. Sa célébrité fut bientôt considérable et, probablement pour affirmer davantage sa puissance, il accrédita le bruit qu'il était la réincarnation du Bodhisatva Cenresi, le protecteur du Thibet. Puis, pour établir définitivement le pouvoir de ses successeurs, et conserver à son couvent le premier rang, il fut donné comme certain qu'à sa mort, le même Cenresi se réincarnerait dans son successeur : et celà se perpétue depuis cette époque C'est ainsi que le Dalai Lama devint le pape des Thibétains. Les religieux boudhistes du Thibet virent leur influence grandir rapidement, et n'hésitèrent pas à attaquer le pouvoir temporel du roi du pays. En 1640, avec l'aide des Mongols, ils détrônèrent le roi, et le Dalai Lama devint chef à la fois temporel et spirituel du pays. Depuis cette date, les couvents se sont multipliés, et les moines, seuls propriétaires de tous les biens, passent leur temps à ne rien faire, le reste de la population travaillant pour eux.

La réincarnation se fait de la façon suivante : à la mort d'un Dalai Lama, l'esprit du Bodhisatva qui habitait son corps se réincarne dans le corps d'un enfant né 49 jours après, ou même un peu plus tard. D'autre part, après cette période, les religieux du couvent, ou plus exactement l'un d'eux spécialement désigné à cet effet, et lui même incarnation terrestre d'une divinité, se met à la recherche de l'enfant miraculeux et, à de certains signes, ne tarde pas à le découvrir. Il est alors élevé sous la garde des religieux, et à l'âge de quatre ans, amené en grande pompe au couvent. A l'âge de sept ans, il est reçu religieux et éduqué en vue du rôle qu'il devra jouer. Comme on le voit, le Dalai Lama n'est qu'un instrument dans les mains des religieux du couvent, et de fait, s'il est trop indépendant, ses jours sont comptés: le poison se charge de trouver un successeur plus complaisant.

Cette idée de la réincarnation d'un Boudha ou d'un Bodhisatva fut immédiatement exploitée par d'autres couvents et dans celui de Tachi Lumpo, le Supérieur n'est autre que l'incarnation d'Amithaba lui-même: c'est le Tachi Lama. Comme Amithaba est supérieur à Cenresi, le Tachi Lama devrait être supérieur au Dalai Lama; cependant, comme c'est au Dalai Lama que cette idée géniale de la réincarnation est venue, c'est lui qui est le plus honoré et qui détient la puissance. Son autorité s'étend non seulement sur le Thibet, mais aussi sur la Mongolie et une partie de la Chine du Nord, car à Pékin, il y a de nombreux couvents de Lamas.

Il est curieux de rappeler que le Tzar passait, aux yeux de ses sujets boudhistes, les Bouriates de Sibérie, pour la réincarnation de la Sakti d'Avalokiteçvara, ce qu'il faut probablement attribuer à ce fait, que ces Bouriates entrèrent en relations avec les Russes à l'époque de Catherine.

En résumé, le Boudhisme primitif a évolué en dégénérant, sous l'influence de causes internes et de causes externes.

Les causes internes étaient, d'une part, la

non-fixation de la doctrine par écrit, ce qui, combiné avec le penchant naturel des hommes au surnaturel, et leur hérédité religieuse, a amené peu à peu la transformation des principes philosophiques en dogmes religieux. D'autre part, la doctrine primitive était trop austère et trop difficile à contempler en face pour la majorité: la plupart ne purent se passer des dieux de leur enfance.

La cause externe fut le Brahmanisme qui, abattu mais non disparu, reprit des forces, profita des fautes de son adversaire, se modifia lui-même, et réussit, probablement par la force, à reconquérir le terrain. Là où il ne triompha pas, comme au Thibet, à Ceylan, il réussit cependant à faire adopter par le Boudhisme une grande partie de ses idées, de son panthéon, au point de le déformer complètement. Et c'est cela que nous trouvons maintenant comme Boudhisme, en Chine, au Japon, au Thibet et en Indochine. Le Boudhisme du Siam et du Cambodge, de l'école de Ceylan, c'est-à-dire de l'école Hinayana, est resté plus près de la doctrine primitive.

EXPLICATIONS ET RÉPONSES

à quelques objections aux

NOTES SUR LE BOUDHISME

EXPLICATIONS ET RÉPONSES

à quelques objections aux

NOTES SUR LE BOUDHISME

Plusieurs personnes ont bien voulu m'écrire, pour me demander des explications sur certains points de ma brochure précédente, ou pour formuler certaines objections. Je les en remercie bien sincèrement, car nous sommes toujours mauvais juges de ce que nous faisons nous-mêmes, et les points faibles nous restent dissimulés.

Sur plusieurs points, il s'agit seulement de s'entendre exactement sur le sens à donner aux mots employés.

Quand je parle d'un monde régi par des lois mécaniques, un de mes lecteurs s'écrie : « Voici la notion de Loi (avec une majuscule) qui apparaît » et il ajoute : « Qui dit Loi, dit Intelligence et Volonté », ce qui lui semble en contradiction avec ce que je dis d'un monde inconscient. Or, j'ai pris le mot loi, et les boudhistes font de même, au sens purement scientifique, comme on dit la loi de Mariotte, les lois de la chute des corps. Parler de ces dernières, ne veut pas dire qu'une Intelligence ou une Volonté préside à cette chute, c'est simplement la constatation des propriétés physiques des corps doués d'une masse, soumis à la force appelée pesanteur, ou, en termes plus généraux, à la gravitation. On peut très bien supprimer le mot loi en question, et dire : un monde formé par un élément unique primordial, susceptible de revêtir de multiples apparences, soit énergie sous des formes variées, soit matière, soit une force qui semble intermédiaire entre la matière et l'énergie, les électrons, soit très vraisemblablement d'autres formes encore ignorées de nous, faute de moyens de les révéler (comme les rayons X il y a 30 ans, ou les ondulations hertziennes) et cela, en vertu des propriétés physiques, chimiques, mécaniques, etc., de cet élément primordial, mais sans qu'aucune intervention extérieure soit nécessaire.

Et c'est justement parce que cet élément primordial, que nous appellons éther, si vous voulez, ou champ de gravitation, pour être à la mode, n'obéit qu'à des lois (au sens scientifique) purement physico-chimico-mécaniques, qu'il est automatique, mot que je substitue à inconscient.

Il n'y a donc pas contradiction, mais bien au contraire conséquence rigoureuse. Parce que cet élément primordial possède par lui-même toutes les propriétés capables d'expliquer les phénomènes que nous constatons, le Boudhisme ne ressent pas le besoin de placer à côté une Conscience (avec une majuscule) toute puissante, chargée d'attribuer à cet élément lesdites propriétés, et de surveiller la bonne marche desdits phénomènes. Car alors, ce ne serait que reculer pour mieux sauter, et il resterait à expliquer comment cette Conscience possède le pouvoir de diriger l'élément primordial à sa guise; entre une énigme scientifique, l'existence de cet élément doué de telles et telles propriétés, et un mystère religieux, l'acception d'un Etre Supérieur, régissant le monde, ayant tout créé de rien, et ayant toujours existé, le Boudhisme préfère l'énigme scientifique.

Plus loin, le mot principe est également pris dans son sens strictement scientifique, comme on dit le principe de Carnot, et non pas dans son sens métaphysique : origine, cause première.

Je laisse provisoirement de côté la question de la conservation de l'énergie, sur laquelle je me réserve de revenir longuement tout à l'heure.

Prenons maintenant le reproche qui m'est adressé de procéder par affirmations, et de tomber ainsi dans le défaut que prétend éviter le Boudhisme.

Ici, il faut distinguer :

1° Ce que je dis être du Boudhisme ;

2° Ce que le Boudhisme recommande comme étant la vérité.

En ce qui concerne le premier point, dans une brochure de 60 pages, je ne peux avoir la prétention de faire un ouvrage complet, et de donner toutes les citations qui seraient nécessaires pour justifier que ce que je présente pour du Boudhisme, se trouve bien dans les livres boudhistes. J'ai eu soin de citer les livres dans lesquels on peut trouver des citations nombreuses des livres canoniques les plus autorisés, qui prouveront que je n'ai rien inventé. Maintenant, libre à chacun de ne pas croire ces auteurs sur parole et de tenir leurs citations pour suspectes également : il ne restera plus qu'une ressource : apprendre le sanscrit et le pâli, et lire les textes dans le texte. Sans doute les livres traitant du Boudhisme, et dont je donne à la fin une liste complète, diffèrent-ils sur des points particuliers, l'un trouvant par exemple que le Boudhisme est pessimiste, alors qu'un autre est d'un avis contraire, mais quant à l'énoncé de ce que le Boudhisme propose comme base de son système, ils sont tous d'accord.

En ce qui concerne la vérité de ces bases proposées par le Boudhisme, je ne puis que me rapporter à ce que j'en ai dit dans ma brochure précédente. Le Boudhisme expose à ses disciples ce que lui, Boudhisme, a reconnu comme vrai, après mûre réflexion. Il appartient au disciple de se livrer sur ce sujet à des méditations suivies, qui l'amèneront à reconnaître la vérité du principe énoncé, ou non. J'ajoute que le Boudha recommande à ses disciples toute une méthode de discipline intellectuelle, particulièrement favorable à l'étude de ces questions : la méditation, une méthode d'entraînement à la méditation (on s'entraîne bien à des exercices physiques, il n'y a rien d'étonnant à ce qu'on puisse également s'entraîner à des exercices intellectuels comme d'ailleurs on exerce sa mémoire), à l'introspection, voilà ce que recommande le Boudha (voir le *Boudha*, par Oldenberg, pages 308 et suivantes). J'ajouterai enfin que ce n'est pas une question de jours, de mois qui peuvent amener à juger de la vérité de ces principes ; des années de réflexion sont nécessaires, surtout pour les Occidentaux, à qui la mentalité hindoue reste étrangère.

A propos de ma comparaison avec un condensateur, de plusieurs côtés m'est venue l'objection qu'une charge électrique ne peut rester en suspension dans l'air. Pourtant, personne n'ignore le pouvoir des pointes, et qu'un corps conducteur électrisé, muni de pointes, perd sa charge : il faut bien que cette charge aille quelque part.

Laissons, d'ailleurs un savant, le professeur Berget, répondre (*Les Problèmes de l'atmosphère,* pages 251 et suivantes) :

« L'existence des fluctuations des charges terrestres montre qu'il doit exister des charges libres dans l'atmosphère.

« Il faut alors admettre l'existence dans l'atmosphère de masses de gaz ou de vapeurs fortement chargées d'électricité. Or, il n'y a pas que les nuages visibles, c'est-à-dire les masses de vapeur que leur condensation en gouttelettes ou en aiguilles de glace permet d'apercevoir : il y a ce qu'on pourrait appeler les nuages secs, masses gazeuses à forte proportion de vapeur non condensée, susceptibles de charges importantes ».

« En 1899, deux savants allemands, les Docteurs Elster et Geitel découvrirent qu'il existe dans l'atmosphère des Ions ou charges électriques libres ».

Je borne là mes citations, ne pouvant reproduire les 30 pages du livre, auquel je renvoie le lecteur.

Autre objection : dans un monde inconscient, que font les consciences ? Réponse : la conscience est un phénomène, ou plutôt un épiphénomène, qui n'a probablement lieu que dans certaines conditions bien déterminées, comme n'importe quel autre phénomène, rayons X ou radiations hertziennes. Il se produit dans cet assemblage momentané que nous appelons homme, et ne se produit pas forcément dans un autre milieu, où seraient réunies d'autres formes de matière (matière étant une apparence particulière de l'énergie), et d'autres modalités de l'énergie. Par ce seul fait que, dans certaines conditions, se produisent des ondes de T. S. F. est-ce à dire qu'il doit en apparaître dans toutes les réactions physiques, chimiques, ou psychiques de l'univers ? De même, le phénomène conscience n'apparaît que dans certaines conditions bien déterminées, et peut fort bien être spécial à l'assemblage humain. D'ailleurs, comme je l'ai indiqué, page 52, le Boudhisme admet la possibilité d'autres existences différentes de la nôtre, et même d'êtres plus ou moins supérieurs à nous, plus énergétiques, moins matériels (il ne faut peut-être voir là qu'une simple concession au Brahmanisme), mais qui comme nous, et comme tout ce que nous voyons ici-bas, et dans le ciel, sont soumis à la naissance, à la vie, à la mort, en un mot à l'IMPERMANENCE.

Avant de passer aux deux points sur lesquels

je veux m'appesantir; la non-permanence du Moi, et la conservation de l'énergie, qu'il me soit permis de reprendre encore quelques objections secondaires.

Quelqu'un m'écrit: « Le Boudhisme dit: Ce n'est pas parce qu'il existe une personnalité qui veut, qu'il se produit des manifestations, mais bien au contraire c'est parce qu'il se produit des manifestations, qu'il existe une personnalité. C'est exactement comme si l'on disait: ce n'est pas parce qu'il existe une pile, que l'électricité se manifeste, mais c'est parce qu'il y a de l'électricité éparse dans la nature, que la pile existe ». Je me bornerai à faire remarquer que le raisonnement précédent ne renferme pas l'équivalent des mots « éparse dans la nature » et je rétablirai ainsi: « Parce que les éléments matériels voulus se trouvent réunis et ajustés comme il faut, que, dans ces conditions, l'énergie chimique se transforme en énergie électrique, c'est pour cela qu'on dit qu'il y a une pile active, ou vivante, si l'on préfère. Parce que les éléments matériels et énergétiques voulus se trouvent réunis et ajustés comme il faut, et que, dans ces conditions, l'énergie chimique intracellulaire se transforme en énergie vitale, psychique, cérébrable, etc..., c'est pour cela qu'on dit qu'il y a un homme vivant.

J'ai dit également que l'homme ne restait jamais semblable à lui-même, car ses cellules se renouvelaient sans cesse, et cela me vaut l'objection suivante : « Sans doute les cellules se renouvellent incessamment, mais c'est comme le couteau de Jeannot, l'assemblage reste toujours ». D'accord, mais ce n'est plus le MÊME couteau, du seul fait qu'on a remplacé la moindre petite pièce. Parce que les cellules du corps humain se renouvellent continuellement, parce que nos énergies vitales, nerveuses, mentales, psychiques... se renouvellent aussi continuellement, notre être corporel ou mental n'est jamais le MÊME. Il y a apparence de continuité, parce que les remplacements ne portent que sur peu d'éléments à la fois, que les autres assurent, pourrait-on dire, la continuité de la tradition, mais cela n'empêche pas que l'agrégat matériel ou énergétique n'est plus le même.

J'en arrive à la non-permanence du Moi, que quelques lecteurs ne peuvent se décider à accepter pour du Boudhisme. Bien qu'empruntée par le Boudhisme à des doctrines antérieures, cette idée n'en est pas moins à la base de son enseignement. Libre à chacun de l'adopter ou non, mais les textes sont trop formels pour qu'on puisse élever le moindre doute à ce sujet. La question est traitée tout au long dans les ouvrages que j'ai cités, avec passages des livres canoniques à l'appui, notamment dans *Le Modernisme Boudhiste et le Boudhisme du Boudha*, page 60 et suivantes et dans le *Boudha*, d'Oldenberg, page 271 et suivantes.

Enfin, j'ai parlé d'énergie au repos, et cela m'a attiré la remarque : « De l'énergie au repos, les deux termes sont contradictoires et s'excluent simultanément. Que deviendrait cette énergie au moment précis où la matière passerait de l'activité à l'inaction ? Où irait-elle se loger? l'énergie au repos, ce n'est plus de l'énergie, et l'admettre serait nier la loi de la conservation de l'énergie, qui veut que rien ne se perde et que rien ne se crée ».

A une accusation aussi précise de ne pas avoir respecté les dogmes les plus intangibles de la science moderne, qu'il me soit permis de répondre en substituant à ma modeste prose, celle beaucoup plus autorisée d'un savant moderne, et vous verrez que l'hypothèse hindoue est, à l'heure actuelle, acceptée comme possible et même comme probable, par notre science européenne. Il y a des phases éthériques, où les transformations de l'énergie nous échappent, et où la logique la plus rigoureusement scientifique nous commande d'admettre comme possible que le principe de la conservation de l'énergie, vrai pour notre monde visible, peut cesser d'être applicable. Bien plus, certains faits permettent de se demander si ce principe est rigoureusement applicable en notre monde visible, et si, lors de la production d'un phénomène quelconque, il n'y a pas amortissement d'une partie de l'énergie mise en jeu, dans l'éther. Je cite quelques lignes du livre : « *La matière et lavie* », par Guilleminot, dont toute la première partie est à lire et auquel je renvoie le lecteur.

« Si nous voulons rester dans la rigueur de l'affirmation scientifique, nous devons nous borner à reconnaître que la conservation de l'énergie est constante dans tous les phénomènes accessibles à l'analyse, qu'elle paraît vraie aussi dans ceux qui échappent encore aux mesures expérimentales, mais que, au-delà de ces limites et notamment en ce qui concerne les mutations énergétiques que nous entrevoyons comme probables à l'origine d'un monde, c'est-à-dire à l'origine même de la matière et de l'électricité, son application ne peut être que présumée.

Encore doit-on, si l'on accepte ces présomptions, faire des réserves capitales imposées par la thermodynamique elle-même.

. . . .

Ainsi, un maillon éthéré du cycle énergétique

nous apparaît comme possible, sinon nécessaire, et les mutations qui le précèdent et qui le suivent, peuvent être supposées tributaires du principe de la conservation de l'énergie.

. . . .

Eh bien, dans cette hypothèse, on est contraint, disons-nous, d'apporter des réserves capitales à l'extension du premier principe de l'énergétique, au maillon ètheré de l'énergie, et ces réserves sont imposées par la thermodynamique elle-même, qui nous oblige au moins à regarder ce maillon ètheré comme un maillon très spécial, tout différent des autres.

. . . .

Quelles que soient nos préférences mécanistes, il nous faut reconnaître que, si l'enchaînement des phénomènes matériels évoque l'idée de cycles sans fin, il se passe durant la phase ètherée de l'énergie des choses tellement spéciales que celà équivaut à peu près à admettre une génération de l'énergie au commencement de la chaîne et un évanouissement dans l'éther à la fin ».

Dans le paragraphe 8 du chapitre 2, nous lisons : « Si, comme tout semble l'indiquer, l'énergie a bien une phase ètherée qui, placée au début et à la fin des chaînes matérielles, ferme leur cycle, cette phase ne peut être affirmée comme étant tributaire du principe de la conservation de l'énergie et très vraisemblablement elle peut être regardée comme non tributaire du principe de la dégradation, l'energie prenant sans doute du grade durant son accomplissement ».

C'est donc à très juste titre que le Boudhisme envisage « l'évanouissement de l'énergie » à la fin de la période d'activité d'un monde. Là encore, il se trouve d'accord avec la science la plus moderne.

On peut dire, par suite, que le Boudhisme est un système philosophique scientifique.

Choquan, le 7 avril 1923.

C[t] ROBERT.

POURQUOI LE BOUDHISME MÉRITE
de rester la religion de tous les
ASIATIQUES EN EXTRÊME-ORIENT

POURQUOI LE BOUDHISME MÉRITE
de rester la religion de tous les
ASIATIQUES EN EXTRÊME-ORIENT

On a l'habitude de dire et d'écrire que les habitants de l'Extrême-Orient sont boudhistes, aussi bien en Chine qu'au Japon, au Siam, en Indochine. Il y a, sans doute, une grande part de vérité dans cette affirmation puisque, au milieu des croyances composites qui forment le fond des religions de ces pays, dominent des traditions boudhistes, plus ou moins déformées, mais cependant reconnaissables. La morale boudhiste, plus encore que la philosophie, a imprégné l'âme de ces peuples, et forme la base la plus solide sur laquelle ils appuient leur conduite. Il est donc très intéressant de voir d'un peu plus près ce qu'a été le boudhisme, et de remettre à la mémoire des Extrême-Orientaux actuels les principes élevés de cette philosophie, sinon tous, au moins les plus essentiels.

Au point de vue historique, nous savons de façon à peu près certaine que, vers 600 avant J.-C., au pied des contreforts de l'Himalaya, vivait un prince hindou, souverain dans sa principauté. L'Inde était alors morcelée en une infinité de petits états indépendants. Au point de vue philosophique, l'esprit hindou se livrait avec ferveur aux spéculations métaphysiques les plus raffinées et les plus subtiles, et les écoles des différents professeurs se succédaient, se combattaient, se complétaient, sans cependant arriver à rien de bien définitif.

Partout, cependant, la caste des prêtres l'emportait, et réduisait le reste du peuple en un semi servage, où les brahmanes étaient tout, et les autres rien.

Le fils du roitelet hindou, dont nous avons parlé, étudia sous différents maîtres les principales théories philosophiques à la mode, sans en trouver à son goût. Le spectacle des maux sociaux dont souffrait le peuple, des inégalités sociales injustifiées, de la tyrannie exercée par les brahmanes, amena chez ce jeune homme un état moral tel qu'il préféra renoncer au trône de son père, aux richesses, à sa famille même, pour s'adonner tout entier au problème à résoudre : soulagement des maux du genre humain.

Après de longues années de méditation, pendant lesquelles il fit un choix parmi les théories qu'on lui avait enseignées, il les compléta par le résultat de ses propres réflexions et parvint à se former un système complet d'idées philosophiques, qui lui donnèrent une solution satisfaisante des grands problèmes qui, de tout temps, ont inquiété l'âme des hommes.

Il prit alors le nom de Gautama Boudha ou simplement Boudha, et commença à répandre ses idées.

Boudha part de cette base : la vie humaine est une source de souffrances pour l'homme, beaucoup plus que de joies. Maladies, séparations d'avec ceux qu'on aime, mort, misère, tel est le courant normal pour les humains. D'où leur vient ce cortège de maux ? De ce qu'ils s'attachent trop à l'existence, étant trompés par leurs sens, étant attirés par l'illusion des désirs, désirs causés par ces sens : ouïe, toucher, vue, etc... Le remède ? Arriver à cette notion que l'existence n'étant qu'éphémère, et sans réalité durable, ne vaut pas la peine qu'on s'y attache outre mesure ; à cette notion que notre moi n'étant que le résultat d'un assemblage momentané de divers éléments matériels ou psychiques, il est absolument erroné de se figurer que ce moi a tant d'importance. Né d'hier et devant disparaître demain, ce qui l'atteint doit être considéré comme étant peu de chose, comme rien. A ce moment, l'homme ayant acquis la notion de l'impermanence de son moi, de l'impermanence de ce qui l'entoure, est libre : rien n'a plus de prise sur lui.

Comment arriver à cette connaissance ? Par l'étude, par l'enseignement de ceux qui y sont déjà parvenus, mais surtout par la méditation intérieure.

En effet, un des grands points de la théorie boudhiste est le suivant : ne rien admettre de contraire à la raison, ne reconnaître aucune vérité qu'on ne l'ait passé au crible de sa raison. Donc, négation absolue et formelle du principe d'autorité. Ce principe fondamental du boudhisme suffirait à lui faire donner le nom de système philosophique, à l'exclusion de celui de religion, car toute religion est plus ou moins dogmatique.

Sans doute, Boudha, n'osant aller de front contre les idées religieuses de son temps, et heurter trop directement les tout-puissants brahmanes, ne prétendit point faire disparaître les dieux de l'Inde, mais il osa cependant les soumettre à ses principes, en affirmant leur impermanence : tout est soumis à la naissance, à la vie, à la mort, les dieux comme les hommes, les choses comme les êtres.

Au point de vue moral, Boudha explique les inégalités sociales par la préexistence, idée qu'il n'inventa pas, mais qu'il prit dans l'arsenal philosophique de l'Inde. A la mort, les éléments matériels de l'homme ne disparaissent pas, mais se dispersent pour faire partie d'autres agrégats, humains ou non, les éléments énergétiques de même. L'élément psychique le plus important, qui constitue en quelque sorte ce par quoi l'assemblage humain se différencie des assemblages animaux ou plantes, se réunit de nouveau, après un temps plus ou moins long, à d'autres éléments matériels et énergétiques, et reforme un nouvel assemblage humain, tout aussi momentané que le premier. Il apporte avec lui le résultat de ses existences antérieures, les tendances au bien ou au mal, les tendances aux vices ou à la vertu, bien et mal, vice et vertu n'ayant de sens qu'à notre point de vue humain, mais rien d'absolu. Ces tendances, ou pour parler de façon moderne, cette hérédité, se combinant avec l'ambiance, détermine les conditions de vie du nouvel être, qui dépendront donc en partie des conditions dans lesquelles ont été vécues les existences antérieures auxquelles ont participé les divers éléments actuellement combinés. Et comme d'après le boudhisme, la différence entre le psychisme et le matériel n'est qu'une affaire de modalité, et non de constitution inerne, la liaison entre ces éléments est absolument complète, et leur interdépendance absolue. Le psychique agit sur le corps, et réciproquement. Un être, qui s'adonne à l'alcool, sature son corps de poison, mais imprègne à son psychisme une modalité vibratoire telle que, plus tard, dans une autre existence, cette modalité vibratoire se retrouvera, et fera naître dans le nouveau cerveau matériel l'idée de boire.

Cette action à distance de nos actes, cette notion que « tout se paie », tempérée cependant par l'ambiance, ce qui en atténue justement le caractère de sévérité inéluctable et décourageant, par ce fait que l'on peut corriger cette hérédité par des efforts voulus et sciemment dirigés, cette notion apparaît parfaitement juste à l'esprit et explique ce qui, autrement, apparaît comme une inégalité sociale épouvantable, l'un étant riche, l'autre pauvre, l'un tout-puissant, l'autre misérable...

« Chacun porte en soi le résultat en bien ou en mal de tout ce qu'il a fait et pensé antérieurement, et tout ce qu'il fait et pense actuellement conditionne ses vies futures ».

Enfin, avec cette loi qui veut que les divers éléments matériels ou énergétiques qui se dispersent à la mort, peuvent se recombiner pour former de nouveaux êtres, avec cette interchangeabilité de ces éléments, on en arrive à cette conception que tous les hommes ne sont que des combinaisons extra-temporanées des mêmes principes, des manifestations éphémères des mêmes vibrations, des épiphénomènes comparables : ce ne sont pas des êtres différents, mais des manifestations différentes de mêmes éléments. D'où la conception de l'humanité comme un grand tout, dont chacun n'est qu'une humble cellule, d'où conception des autres hommes comme des autres soi-même, d'où amour illimité de l'humanité entière. Amour qui doit s'étendre aux animaux, qui ne diffèrent des hommes que par l'absence des principes énergétiques supérieurs.

Et c'est là un des points les plus remarquables du boudhisme L'amour de l'humanité n'est pas basé sur un sentiment plus ou moins intéressé de récompenses à recevoir en ce monde ou en l'autre : le boudhiste aime les autres hommes comme lui-même, parce que ce sont les autres parties du même tout, parce qu'ils sont lui-même.

Sans doute, ces beaux principes ne se sont pas conservés intacts ; ils sont même fortement altérés, et il faut une étude approfondie pour en retrouver des traces. Mais n'en est-il pas de même pour bien d'autres systèmes philosophiques ou religieux ? A commencer par le christianisme qui n'avait, certes, pas prévu les cultes quasi superstitieux des saints, et les trafics peu édifiants des indulgences.

Des principes du boudhisme, l'on peut dire que quelques grands traits émergent encore. L'âme extrême-orientale a conservé profondément enracinée cette croyance à la réincarnation, aux vies successives, à la loi inéluctable des conséquences de nos actes, à la possibilité pour chacun de s'évader par une suite ininterrompue et consciente d'efforts, de la chaîne des réincarnations, pour arriver au repos final ; que ce repos soit devenu un séjour dans un lieu matériel, que la punition de nos mauvaises actions soit devenue un séjour dans un enfer matériel, cela importe peu : l'idée primitive est restée.

Parallèlement à ces principes, le boudhisme enseignait une morale qui, conjointement aux exercices de méditation et à l'étude, devait conduire le disciple à la connaissance, c'est-à-dire à la libération de son esprit. Cette morale ne diffère pas de celles enseignées par les grandes religions du monde : ne pas tuer, ne pas voler, ne pas prendre la femme du prochain, faire le bien à toute l'humanité. Mais il est certains points par lesquels cette morale boudhiste dépasse le cadre ordinaire ; par exemple, quand elle dit que les bonnes actions doivent être accomplies pour elles-mêmes, et non dans l'espérance d'une récompense plus ou moins immédiate : « considère l'œuvre en elle-même, et non pour ses fruits ».

La bonté envers les hommes doit s'étendre également à tous les êtres vivants, non pas, ainsi que certains fanatiques se le sont imaginés et se l'imaginent encore, que le Boudha ait jamais prétendu interdire le meurtre d'un être vivant, lui-même mangeant parfaitement de la viande, mais il a défendu tout meurtre « inutile ».

Cette esquisse extrêmement sommaire du boudhisme tracée, examinons un peu ce par quoi il nous semble tout particulièrement propre à l'Extrême-Orient.

Comme nous l'avons vu, le boudhisme admet les divinités particulières de chaque pays, Inde, Chine ou Japon. Il proclame leur impermanence, mais ne les nie pas. Pour tous les peuples de ces pays, profondément attachés à leurs cultes particuliers, une telle tolérance est inappréciable.

En second lieu, il proclame le principe de la préexistence, un des plus anciens et des plus généralement admis en Extrême-Orient. Par là peut-être, autant que par la loi de la conséquence des actes la loi de la Causalité, le boudhisme mériterait d'être retenu et jalousement conservé par les Extrême-Orientaux. Cette loi de la Causalité qui, d'une part, explique les différences sociales, les inégalités de condition, les déchéances physiques, qui, d'autre part, admettant l'action correctrice de l'ambiance, permet tout espoir aux déshérités, satisfait à un besoin inné de justice que chacun porte en soi, et qu'aucun autre système philosophique ou religieux n'a jamais pu contenter.

Enfin, il est un autre point du boudhisme à mettre en relief : jamais il ne fait appel à l'autorité, jamais il n'impose un dogme incompréhensible à l'esprit humain ; il ne fait appel qu'à la raison, à la pure raison humaine. « Crois ce que ta raison a reconnu comme vrai, et non pas ce que tel ou tel système t'a ordonné de croire ». Le boudhisme livre à ses disciples ce que lui-même a reconnu vrai, après méditations et examen, mais leur recommande de ne pas l'admettre de suite. Après passage au crible de la raison, après méditation individuelle, si le disciple en reconnaît la vérité, il l'adopte.

A côté de cela, que voyons-nous dans les diverses religions que l'on prétend enseigner et propager ? Des dogmes absolument anti-scientifiques et anti-rationnels, qui forment la base de ces religions : des châtiments quelquefois éternels prononcés par un Dieu « infiniment bon », et pourquoi ? Pour des fautes de quelques instants ; un Dieu qui, par fantaisie, livre l'un à la misère, l'autre à la maladie ; un Dieu qui permet, ou mieux, qui ordonne les épidémies, les guerres, les grands fléaux. A tant faire qu'à avoir un Dieu aussi pernicieux, mieux vaut n'en pas admettre.

Quant aux questions métaphysiques, le Boudhisme les met franchement de côté, les situant de suite en dehors du domaine accessible à la raison humaine. Pourquoi l'homme a-t-il été créé ? D'où vient-il, où va-t-il ? Autant d'énigmes qui resteront énigmes. Toute vaine discussion à leur sujet est inutile. Disons cependant que, bien qu'admettant les dieux, le Boudhisme ne peut leur attribuer la création du monde, puisqu'il leur impose le caractère d'impermanence, commun à tous les êtres et à toutes les choses. Mais pour le Boudhisme, l'univers a toujours existé et existera toujours, sous une forme ou sous une autre, parce que rien ne peut disparaître, et par suite, rien ne peut ne pas avoir déjà existé. Que la matière se transforme en énergie, ou l'énergie en matière, selon d'ailleurs les plus récentes données de la science moderne, cela n'a pas d'importance. Mais quant à admettre l'idée d'un Dieu faisant sortir l'univers du néant, cela est impossible, puisque le néant ne peut exister ; et puis, cela ne serait que reculer la solution du problème : si l'univers a été créé par un Dieu, qui a créé ce Dieu ? Il faudrait alors lui reconnaître la propriété d'avoir toujours existé. Le boudhiste préfère reconnaître cette même propriété directement à l'univers. Il arrive au même résultat avec un échelon de moins. Entre le dogme religieux et l'énigme scientifique, il préfère l'énigme scientifique.

Il serait certainement infiniment intéressant et souhaitable que l'élite intellectuelle annamite étudie cette question de la rénovation du pur Boudhisme en Indochine, et nous allons voir par quels moyens on pourrait y arriver.

Des moyens pratiques pour amener un renouveau boudhiste en Indochine

Nous avons vu qu'à l'heure actuelle, 9.999 sur 10.000 des Indochinois se prétendant boudhistes, ignorent totalement ce que ce mot devrait signifier. Pour eux, c'est la pagode et ses superstitions grossières, dont ils sont d'ailleurs incapables de comprendre quoi que ce soit. Peut-on changer cet état de choses ?

Il semble que oui. Nous avons la chance d'avoir, tout à côté, le Cambodge où le

Boudhisme s'est conservé, non pas intact, tant s'en faut, mais moins altéré qu'en Indochine. Pourquoi ne pas faire appel à des missionnaires boudhistes? Certes, ni la langue, ni la race ne sont identiques : il y a même une certaine hostilité entre les Annamites et les Cambodgiens, datant de l'époque des guerres de conquête où les Annamites, alliés aux Siamois, anéantirent l'empire khmer. Mais il est fort possible que, devant la religion prêchée, cette hostilité disparaisse. La langue n'est pas un obstacle, car beaucoup de Cambodgiens parlent l'annamite. D'ailleurs, il existe en Annam des bonzes lettrés; il serait possible d'avoir recours à eux.

Cependant, je crois qu'il serait préférable de partir du milieu annamite: favoriser ou provoquer la fondation de sociétés annamites, s'adonnant à l'étude des principes du Boudhisme : il faut une certaine culture philosophique et scientifique pour se livrer à ces études, mais il y a maintenant des Annamites très versés dans nos sciences, et aussi dans la philosophie européenne, qui peuvent parfaitement bien étudier avec fruit les ouvrages français, voire même anglais ou américains, publiés sur ce sujet, et qui peuvent les comprendre, et les commenter.

Beaucoup d'Annamites se plaignent de voir leur ancienne civilisation reniée par les jeunes générations : ce serait là une excellente occasion de reprendre une des traditions du passé et, sans pour cela renoncer aux progrès scientifiques indispensables à la vie moderne, de réétudier une théorie qui sut, jadis, s'emparer de l'Asie presque entière.

Est-il à craindre qu'en favorisant ainsi la création de sociétés boudhistes, attachées au passé, on nuise à l'action de la France en ce pays? Je ne le crois pas. Bien au contraire, en délivrant les Annamites de superstitions grossières qui entravent leur existence journalière, en accélérant leur progrès moral, le développement de leur esprit critique, et scientifique, on ne peut que hâter leur adaptation aux conditions de la vie moderne, dont nous sommes les représentants en Indochine.

Une fois ces sociétés-centres créées, et après quelque temps d'étude en commun, il appartiendrait aux membres de ces sociétés de faire des conférences, de publier de multiples brochures, d'agir sur le recrutement des bonzes annamites et sur leur éducation. Les bonzes actuels, ne sentant pas leur position menacée, et bien au contraire se sentant soutenus, prendraient plus aisément qu'on ne le croit les nouvelles doctrines. Ils les comprendraient probablement fort peu, et il faudrait un certain temps pour que les bonzes instruits soient en assez grand nombre pour rendre des services ; mais toute œuvre demande du temps. Il ne s'agit, d'ailleurs, pas de rénover le Boudhisme primitif : il faut surtout ramener les Annamites à un Boudhisme pratique, à la portée de tous, tel que celui pratiqué, du temps même de Boudha, par la très grande majorité des Hindous, pour lesquels les hautes spéculations philosophiques étaient et devaient être lettre morte. Que, plus tard, se créent quelques écoles de hautes études boudhistes, cela n'en vaudra que mieux, mais cela ne doit venir qu'après.

En résumé, fonder une ou plusieurs sociétés de Boudhisme où l'on groupera les Annamites s'intéressant à cette question, et où l'on étudiera la doctrine boudhiste, sans aller trop au fond. Faire venir du Cambodge ou de l'Annam, ou même de l'intérieur de la Cochinchine, s'il y en a, des bonzes lettrés et versés dans cette question et faire des conférences, soutenues par des articles de journaux et des brochures.

Encore une fois, semblable tentative n'est nullement contraire aux intérêts de la France. En Afrique du nord, la France a encouragé les musulmans, et, à Paris, a fait élever une mosquée. Et pourtant, la religion musulmane est sectaire, guerrière, conquérante, anti-étrangère.

Au contraire, le boudhisme est tolérant, pacifique, et est peut-être la seule religion au monde qui ne se soit jamais rendu coupable de la moindre persécution envers ceux qui n'avaient pas les mêmes idées.

Ce seul fait vaut la peine d'être envisagé pour songer à la création de sociétés boudhistes.

Choquan, le 15 janvier 1926.
ROBERT.

CONFÉRENCE FAITE A PNOMPENH

AUX

BONZES DE L'ÉCOLE DE PALI

CONFÉRENCE FAITE A PNOMPENH

AUX

BONZES DE L'ÉCOLE DE PALI

Je n'ai pas la prétention de vous parler du Boudhisme en Extrême-Orient ce serait, comme dit le proverbe français, Grosjean qui veut en remontrer a son curé, c'est-à-dire quelqu'un qui ne connait pas grand chose sur un sujet voulant disserter sur ce sujet avec des gens du métier, des savants. Mon ambition sera satisfaite si je puis vous exposer de façon pas trop inintelligible ce que, de vos doctrines, de vos croyances, de l'histoire de votre religion, l'on connait en Europe. Quand je dis ce que l'on connait en Europe, je m'exprime mal. Malheureusement, peu de personnes connaisse le Boudhisme. Je devrais dire : ce que trop peu de gens, un peu curieux, connaissent du Boudhisme. Si le mot de Boudha, quelques mots sanscrits comme Nirvâna, sont généralement connus, il faut avouer que pour l'immense majorité et ce n'est pas flatteur pour notre amour-propre d'Européen, la connaissance du Boudhisme ne va pas plus loin. Dans tous les pays, hélas, beaucoup d'esprits, même cultivés, sont peu curieux de tout ce qui ne les touche pas immédiatement. A côté de cette masse indifférente, il est cependant possible de trouver des écrivains, des linguistes, des philosophes, que des idée étrangères aux leurs n'ont pas laissés indifférents, qui sont persuadés que dans tous les pays, dans toutes les civilisations, dans toutes les croyances, il y a des vérités à glaner.

Si, par des récits de voyageurs, missionnaires, commerçants, l'existence du Boudhisme était connue depuis longtemps en Europe, les premiers travaux sur les religions de l'Inde et de l'Orient ne virent le jour qu'au 19e siècle, en France, en Angleterre, en Allemagne. Sans doute, depuis que des relations suivies avaient été établies entre l'Europe et l'Asie, connaissait-on les grandes lignes des croyances hindoues, des théories boudhistes, mais, faute de traductions exactes des livres sacrés formant la base de ces religions, les hommes d'étude étaient réduits à ne parler que d'idées générales, sans pouvoir analyser ces doctrines dans le détail, et sans pouvoir se rendre compte de leur valeur.

Je ne parlerai pas des quelques mots que Voltaire consacre au Boudhisme du Thibet, dans son Essai sur les mœurs et l'esprit (1775). On peut rappeler en passant que Napoléon n'ignorait pas les curieuses ressemblances entre les cérémonies catholiques et les cérémonies boudhistes, ainsi que cela est mentionné dans un livre intitulé : « Les derniers jours de l'Empereur. » Mais les premiers livres sérieux furent ceux d'Abel de Rémusat, dans les Mélanges asiatiques, en 1825.

Ensuite, les œuvres documentées se font moins rares : celles de Burnouf, Max Muller, Barthélémy Saint Hilaire, Sénart, Rhys David, et bien d'autres, en même temps que paraissaient des traductions très bien faites des principaux livres boudhistes, dans la collection intitulée « Les livres sacrés de l'Orient ».

Parmi tous les auteurs qui révélèrent au monde européen la pensée orientale, il faut en noter spécialement quelques-uns.

D'abord, ce fantastique Alexandre Czoma de Kôros, qui, né en 1784 en Hongrie, étudia de bonne heure les langues orientales, la théologie, l'histoire naturelle, la géographie. A 36 ans, il quitta l'Europe sans esprit de retour et après des aventures de voyage très compliquées, parvint au Thibet en 1822. Son but était de retrouver dans ce pays le berceau de la race hongroise. Très vite captivé par le Boudhisme, il oublia ce qu'il était venu chercher, s'enferma de nombreuses années dans différents monastères, y étudia la langue, la religion ; les livres, et fut le premier qui révéla en Europe l'existence des ouvrages connus sous le nom de Kandjour et de Tandjour, et qui renferment l'encyclopédie des connaissances du Mahayana. Après un voyage aux Indes, ce précurseur des savants européens orientalistes, mourut de la fièvre au moment où il allait regagner le Thibet, à pied, à travers la formidable barrière de l'Hymalaya.

Plus près de nous, il faut citer Oldenberg. Bien qu'un peu touffus, un peu obscurs, (ce qui arrive souvent dans les livres philosophiques écrits en allemand), ses livres forment une base sérieuse pour les Européens qui veulent étudier le Boudhisme.

Enfin, je citerai encore, et avec une mention toute particulière, l'ouvrage récent de Madame Alexandra David (1911). A mon humble avis, c'est ce livre qui marque le progrès le plus décisif dans notre connaissance de vos doctrines. Mme Alexandra David, une Française, était encore tout récemment, sous un déguisement, dans ces contrées inexplorées comprises entre le Thibet, l'Inde et la Chine. Son livre sur « le Modernisme boudhiste et le Boudhisme du Boudha » est remarquable en ce sens qu'au lieu de s'attacher à des questions de pure forme historiques, religieuses, dogmatiques, madame Alexandra David a étudié la philosophie du Boudhisme, s'est attaché à remonter jusqu'à la parole du Boudha, a cherché à en dégager le sens exact, en la débarassant de tout ce dont les siècles l'avaient encombrée ; c'est le Boudhisme primitif et pur qui reparaît devant nous.

Avant de clore cette première partie documentaire, notons qu'au Japon, des études extrêmement intéressantes ont été publiées par des savants japonais, études très fouillées et portant plus sur la philosophie du Boudhisme que sur son historique.

Les textes sacrés ont été traduits principalement par Burnouf, qui a révélé à l'Europe le Lalita Vistara ; par Oldenberg et Rhys David, qui ont étudié et publié plus spécialement les textes boudhistes de Ceylan, écrits en pâli, le Tipitaka notamment, divisé en Vinaya, Sutra et Abhidarmapitaka. Ces textes et toutes les autres traductions ont paru dans la collection des livres sacrés de l'Orient, dont j'ai déjà parlé.

Disons de suite, et pour éviter tout malentendu, que si certaines sociétés philosophiques ou mystiques telle que la Société de Théosophie, se réclament du Boudhisme, il y a là erreur, car les théories des théosophes sont empruntées au Védantisme, au Brahmanisme, aux religions actuelles de l'Inde, mais pas au Boudhisme.

Ceci dit, que savons nous de la vie historique du Boudha? Dégagé de la légende, il nous apparaît que le Boudha a un caractère véritablement historique. Né à Kapilavastu, sur la frontière actuelle du Népal, il était fils d'un prince, chef d'un de ces innombrables petits états indépendants dont l'Inde était formée, il y a environ 2600 ans. La société de l'Inde était composée de castes diverses, la plus importante celle des Brahmanes, puis celle des Kçatryas ou guerriers, les marchands, puis les cultivateurs ou Coudras. Le futur Boudha, appelé Siddharta ou Gôtama appartenait à la caste des guerriers. Il reçut probablement une excellente instruction et dut avoir pour professeurs quelques-uns des fondateurs de systèmes philosophiques qui abondaient dans l'Inde et qui jetèrent dans son esprit les germes qui devaient grandir et décider de son avenir. Ces études le laissèrent incertain et insatisfait. Marié tout jeune, père de famille, il devint la proie d'une crise intellectuelle, fréquente chez les jeunes gens, mais, chez lui, particulièrement doué, cette crise devait se développer jusqu'au bout. Le luxe dont il est entouré, les plaisirs le laissent indifférent. Il est en proie au pessimisme : « Alors, toute joie de jeunesse inhérente à la jeunesse, toute joie de vivre inhérente à la vie, s'évanouit en lui » (Anguttara Nikaya.) « Quel sujet de rire, quelle joie y a-t-il en ce monde ? Entouré de ténèbres, ne cherchez-vous pas une lampe ? » (Dhammapada.) Son esprit inquiet veut trouver l'issue libératrice menant au repos, à l'abolition de la souffrance, à la libération, non seulement pour lui, mais aussi pour tous les êtres enfermés dans le cycle douloureux des réincarnations, les samsâras.

Une nuit, la crise est plus forte. Il s'enfuit du palais ; abandonnant père, femme, enfant, richesses, et va étudier de nouveau auprès des maîtres du moment, principalement Arâta Kâlâma et Kudraka, mais aucun de ces enseignements ne lui donne satisfaction. Il résolut alors de trouver seul la lumière et la vérité. La méditation prolongée, les pratiques de l'ascétisme, le jeûne, n'aboutirent qu'à la faillite, et Gôtama s'évanouit de faim et de faiblesse sous les yeux de cinq compagnons qui l'avaient suivi. En général, les différentes religions attribuent le triomphe de leurs saints à des pratiques semblables, hors de la nature, au delà des conditions normales d'existence. Au contraire, le boudhisme, et cette conclusion naturelle et véridique paraît bien sincère, rejette la fantaisie un peu enfantine de pareilles aventures. Gôtama comprend que ce n'est pas en allant contre les lois naturelles, en affaiblissant ses organes de perception par des pratiques d'ascétisme, qu'il pourra développer ses sens. Seul, un corps sain est capable de produire une pensée saine et forte. Restauré, fortifié, il reprend ses méditations, mais nourri de lait, de galettes et de fruits.

La méditation solitaire, car ses cinq compagnons l'ont abandonné, au pied d'un gigantesque banian, lui permet de contempler dans le peuple d'êtres vivants qui évolue autour de lui, la lutte éternelle de la vie et de la mort, la souffrance inhérente à la vie, l'horreur des dissolutions.

Une nuit, le voile se déchire, sa personnalité disparaît devant la vision d'ensemble de l'existence, devant la vision des éternelles transformations : il a saisi le secret des Quatre Vérités :

La Souffrance ;

La Cause de la Souffrance ;

La Suppression de la Souffrance ;

La Voie qui conduit à la suppression de la Souffrance.

Par là, il avait atteint le Nirvâda ; Siddharta Gôtama n'était plus, le nouveau Boudha était.

La lutte n'était pas finie : il a obtenu la connaissance pour lui ; mais doit-il la communiquer aux hommes ? l'énormité de la tâche à accomplir l'effraye, le découragement le prend. Nous trouvons dans le Mahâvagga la description de cette lutte, de ces hésitations. « Pourquoi annoncerais-je ce que j'ai conquis au prix de tant d'efforts ? Cette doctrine sera incompréhensible à ceux que dominent la haine et le désir. Adonnés à la convoitise, environnés de ténèbres, ils ne pourront atteindre cette vérité contraire à leurs tendances, difficile à atteindre, profonde, inaccessible à l'esprit grossier ». Finalement, la compassion l'emporte sur la crainte des efforts stériles, et renonçant à sa tranquillité personnelle pour essayer de sauver l'humanité, il entreprend de répandre la bonne parole.

Sa première prédication publique est restée célèbre ; elle eut lieu dans le Parc des Gazelles, Isipatana, non loin de Bénares, appelé aussi Mrigadâwa. Il est fréquent sur les monuments boudhistes, de voir figurer deux gazelles ou deux cerfs, allégorie se rapportant au parc des gazelles, c'est-à-dire au sermon de Bénares. C'est là qu'il proclama pour la première fois les Quatre Vérités, base de l'enseignement boudhiste, constituant à elles seules la véritable doctrine. Tout ce qui a été ajouté par la suite aux quatre vérités, ne fait qu'en dériver, est une conséquence de ces vérités essentielles. Le Mahâvagga nous a conservé le récit de ce premier sermon, qui s'adressait aux cinq disciples qui l'avaient abandonné au cours de ses méditations, puis qu'il avait retrouvés.

« Le Bienheureux dit : il existe deux systèmes dont celui qui vit religieusement doit s'écarter. L'un est une vie toute abandonnée à la sensualité et à la jouissance ; cela est vil, grossier et vain. L'autre est une vie de macérations, cela est pénible et vain. J'ai évité ces deux extrêmes et par là, j'ai trouvé le sentier du Milieu qui conduit à la clairvoyance, à la sagesse, à la tranquillité, au savoir, à la connaissance parfaite, au Nirvâna.

C'est ce noble sentier à huit embranchements qui s'appellent : croyance droite, volonté droite, parole droite, action droite, moyens d'existence droits, effort droit, attention droite, méditation droite (droit a le sens du mot sanscrit sammâ : très difficile à traduire exactement en français de façon uniforme ; cela veut dire : accompli, parfait, en harmonie avec les lois de l'existence, la réalité des choses).

Voici la noble Vérité concernant la Souffrance : la naissance est Souffrance, la vieillesse est Souffrance, la maladie est Souffrance, la mort est Souffrance, être réuni à ce que l'on n'aime pas est Souffrance, être séparé de ce que l'on aime est Souffrance, ne pas réaliser son désir est Souffrance. En résumé, les cinq éléments constituant notre être sont Souffrance.

Voici la noble Vérité concernant l'origine de la Souffrance : c'est cette soif qui conduit de renaissance en renaissance, accompagnée par la convoitise et la passion, cette soif qui, ici et là, est perpétuellement en quête de satisfaction. C'est le désir de la satisfaction, de la passion, la soif de vie éternelle, de bonheur individuel dans ce monde ou dans un autre.

Voici la noble Vérité concernant la destruction de la Souffrance : c'est l'annihilation entière, absolue de cette soif ; le rejet, la libération du désir.

Voici la noble Vérité concernant la Voie qui mène à la Délivrance de la Souffrance : c'est ce noble sentier aux huit embranchements qui s'appellent : croyance droite, volonté droite, parole droite, acte droit, moyens d'existence droits, efforts droits, attention droite, méditation droite ».

C'est là le début du Boudhisme, de la Sangha. A partir de ce moment jusqu'à sa mort, c'est-à-dire pendant près de 50 ans, le Boudha va parcourir l'Inde du Nord, répétant, commentant les Vérités fondamentales, voyant le nombre de ses fidèles augmenter sans cesse ;

Agé de 85 ans environ, il sentit venir sa fin terrestre, et le récit de ses derniers jours nous a été conservé par la Mahâ-Parinibbâna Sutta. Malade, peut-être à la suite de l'ingestion d'un plat mal préparé, il voulut, accompagné de son fidèle disciple Ananda, regagner un lieu qui lui était cher, mais, en cours de route, les forces l'abandonnèrent et, couché sur un banc de pierre qui se trouvait là, il donna ses dernières instructions. C'est le Boudha couché sur ce bânc, et près d'expirer que figurent les statues de Boudha que nous retrouvons dans quelques temples : allongé et appuyé sur un coude.

Consolant ses disciples qui s'affligeaient, il pensa encore une fois à la difficulté qu'ont les hommes de s'affranchir de tout attachement idolâtre, de toute dévotion sentimentale, de tout culte de dieux faits à l'image de l'homme, à l'impossibilité presque absolue pour eux de vivre seuls leur vie intérieure religieuse, et s'adressant à son disciple Ananda :

« Il se pourrait, Ananda, que cette pensée naisse en vous : la parole du Maître n'est plus ; nous n'avons plus de maître. Ce n'est pas ainsi qu'il faut penser. La vérité, la loi que je vous ai enseignée à tous, voilà votre Maître lorsque j'aurai disparu ».

Encore quelques mots sur la perpétuelle transformation des êtres vivants, simples assemblages temporaires d'éléments divers, et le Boudha mourut, au sens humain du mot. Pour lui, qui avait déjà saisi la réalité des lois naturelles, la désagrégation de sa forme terrestre passagère n'avait pas d'importance.

Il m'est impossible de passer en revue tous les principes du boudhisme et de voir comment ils sont interprétés par les Européens : il y faudrait des jours et des années. Je me contenterai de prendre quelques points et de vous en dire ce que nous, Occidentaux, en pensons, en choisissant les doctrines qui nous frappent le plus, en me reportant aux textes qui nous sont connus.

Un des grands principes du Boudhisme, d'après les textes les plus authentiques, est de ne rien admettre de contraire à la raison, de ne reconnaitre aucune vérité, avant de l'avoir examinée, critiquée en son for intérieur, discutée, et finalement reconnue comme vraie. Toute idée d'autorité est écartée, et c'est là une des caractéristiques puissantes de cet enseignement, dont nous allons retrouver les conséquences en maints endroits de cette conférence. Toutes les vérités étaient exposées à tous, et il appartenait à chacun de les méditer et d'en tirer les conséquences, de les développer. Suivant le degré d'avancement intellectuel de chaque disciple, la même vérité restait ignorée, était seulement soupçonnée, ou au contraire, se révélait en peine lumière. Le Boudha laissait à ses disciples le soin de trouver eux-mêmes ce sur la voie de quoi il se contentait de les orienter. Aucun dogme, aucun principe n'est imposé : une indication est donnée et le raisonnement suit cette indication, la vérifie, l'adopte ou non, la pousse plus ou moins loin et par cela même, une sélection se fait, suivant les capacités intellectuelles de chacun.

Un savant boudhiste moderne, mais qui parle de la doctrine primitive, M. Lakshmi Narasu, dénonce l'erreur de ceux qui se cantonnent dans une foi toute faite, sans l'avoir jamais soumise à l'examen : « La méthode expéditive, dit-il, consistant à imposer d'autorité une croyance, est acceptée avec insouciance par le grand nombre, mais elle ne peut être admise par la minorité des penseurs qui pénètrent aisément le brouillard des dogmes, et, découvrant la présomption de toute infaillibilité, quêtent par ailleurs des croyances plus fondées. Affranchis des liens de l'autorité, certains tombent dans une nouvelle erreur : leurs investigations s'écartent de la voie expérimentale et rationnelle. Modelés par une éducation où dominèrent les notions fausses, influencés par les obscures tendances de leur atavisme, ils voient s'élever en eux des désirs, des espoirs, une sorte de secret besoin que la vérité soit de telle nature plutôt que de telle autre. Alors, à demi-conscients, peut-être, de leur œuvre, ils édifient des croyances d'après leurs impulsions, au lieu de les puiser uniquement dans l'observation et l'expérience des faits ».

L'homme, guidé par les indications données (et non par des vérités imposées, et souvent absolument contraires au bon sens, aux lois naturelles les plus évidentes) part sans idées préconçues à la recherche ; les découvertes donneront ce qu'elles doivent donner : peu importe. Le Boudha ne leurre pas ses disciples d'un idéal de justice, de récompenses célestes : rien de tout cela. Le même auteur déjà cité dit :

« C'est une des gloires du Boudhisme qu'il fait toujours appel à la raison et à la science, et non à la foi aveugle ou à l'autorité. »

Un autre auteur déclare : « Il est dit au boudhiste de ne faire aucune chose qu'il ne l'ait auparavant analysée. Il est recommandé par le Boudha de ne rien croire, ou accepter pour vrai, sur la foi de la tradition, de l'autorité, de l'analogie, de la révélation, ou d'un miracle ». Un ancien texte, le Kalama Sutta, dit : « Ne croyez pas sur la foi des traditions, quoiqu'elles soient en honneur depuis de longues générations, et en beaucoup d'endroits; ne croyez pas une chose, parce que beaucoup en parlent ; ne croyez pas sur la foi des sages des temps passés; ne croyez pas ce que vous vous êtes imaginé, pensant qu'un dieu vous l'avait inspiré. Ne croyez rien sur la seule autorité de vos maîtres. Après examen, croyez ce que vous mêmes avez expérimenté et reconnu raisonnable, qui sera conforme à votre bien et à celui des autres. »

De ces citations, très importantes pour l'esprit occidental, imbu de précision scientifique et qui se dégage des spéculations toujours un peu nébuleuses de la pure métaphysique, pour n'avoir de contact qu'avec la froide réalité des faits, il faut retenir l'expression: analyser ses actes, avant de faire quelque chose. C'est un appel à notre esprit de libre critique, étayé sur notre expérience, sur notre raisonnement, sur nos connaissances, sur la méditation intérieure, en cas de difficulté, mais sur nous mêmes, sur nos ressources intellectuelles. Ceci est confirmé par les quelques mots de la citation suivante, où il est dit: « Croyez ce que vous même avez expérimenté et reconnu raisonnable ». Il faut qu'une doctrine soit bien forte, bien sûre d'elle-même, pour laisser ainsi toute liberté, pour ordonner ainsi toute liberté de critique envers ce qu'elle croit vrai ; il faut que les idées livrées à la libre discussion de chacun renferment une vérité bien évidente pour que le Boudha ait été certain qu'après examen, chacun s'y rallierait. Combien différente est cette liberté laissée à la raison d'avec la pression, la violence faite à la raison par les dogmes imposés par d'autres religions, dogmes, le plus souvent, tellement opposé au bon sens que quiconque, instruit et cherchant à être logique avec lui-même, est obligé de séparer son esprit en deux ; d'un côté, la science ; de l'autre, la religion, se rendant compte que ces deux données sont inconciliables. Pour le Boudhiste, elles ne font qu'un, et ce n'est pas une petite supériorité.

Ainsi, dès le début de l'enseignement, le boudhiste se trouve livré à ses seules forces, et nous aurons à revenir sur ce point, pour réfuter des idées fausses répandues en Europe, sur l'inaction, sur la résignation boudhistes. Beaucoup d'occidentaux, imbus de nos traditions d'autorité, objectent : « le Boudhiste est livré à lui-même, c'est fort bien. Qui le guidera ? c'est le rôle du maître de donner aux disciples des indications sur les moyens de parvenir à la vérité sans rien imposer. On enseigne la méthode pour y arriver, mais non la vérité elle-même, que le disciple trouvera fatalement, s'il se donne la peine de raisonner. On a pu définir le Boudhisme : une méthode de salut par l'intelligence et le savoir, non par l'émotion.

Il est indiscutable qu'un tel procédé, s'il est contraire à ce que nous sommes habitués à voir dans nos religions occidentales, a l'avantage qu'une idée, une fois adoptée après examen et passage au crible de la raison, ne sera plus jamais remise en cause par le disciple, puisque c'est de son plein gré, presque comme s'il l'avait trouvée lui-même, qu'il l'a admise.

Mais de cette répugnance à rien affirmer, à rien dire de trop précis de peur de sembler vouloir imposer quelque chose de trop formel, de peur de revêtir une apparence dogmatique, il résulte que la doctrine du Boudha ne nous apparait pas toujours, à nous autres occidentaux avec la même netteté que celle d'autres systèmes, où les principes sont catégoriquement affirmés. Le travail mental du disciple, travail nécessaire pour examiner ce qu'on lui soumet, effraye certains, qui aiment bien trouver des idées toute faites ; mais justement, la nécessité de ce travail intellectuel est une épreuve, où l'homme apprend à se connaître lui-même, à connaître sa force. Il faut ajouter que ce travail est facilité par l'œuvre de nombreux commentateurs des textes boudhistes, qui, boudhistes eux-mêmes, ont préparé le travail des siècles suivants et, heureusement pour nous, Européens, ont aidé à la traduction de la pensée hindoue en pensée occidentale.

Nous avons vu qu'une des premières vérités que le Boudha livrait à la réflexion de ses auditeurs, était la suivante : « En ce monde, tout est douleur: la vie est douleur ; la maladie est douleur ; la vieillesse est douleur ; la séparation est douleur ». Mais qui donc supporte cette douleur ? c'est ce que les hommes appellent leur Moi. Alors, deuxième formule : pour se libérer de la douleur, il suffira d'arriver à la connaissance, c'est-à-dire reconnaître, après examen, que ce Moi, auquel nous attachons tant d'importance, n'existe, en réalité, pas. C'est l'ignorance de cette vérité qui fait que l'homme souffre, car quelque chose qui n'a pas d'existence réelle ne peut souffrir. C'est là l'idée de l'impermanence du Moi, de l'irréalité du Moi, que je vais développer, telle que les Occidentaux la comprennent.

Cette idée est donnée par le Bouddha dans la forme de ce qu'il appelle les trois caractéristiques : « Toutes les formations sont impermanentes. Toutes sont sujettes à la douleur.

Toutes les formations n'ont pas de personnalité réelle ».

Il est nécessaire, pour comprendre ce qu'a voulu dire que le Boudha, de se reporter aux idées qui avaient cours dans l'Inde, avant lui, sur la constitution des êtres vivants, du monde et de l'Univers. Les brahmanes de l'Inde Védique enseignaient que toutes les manifestations qui frappent nos sens, lumière, force, vie, matière brute, n'étaient que des apparences diverses de la même chose, un élément unique animé par un principe supérieur. La parcelle du principe suprême, existant dans chaque être, dans chaque objet, constituait son âme, support de la véritable personnalité.

Le Boudha admit ces idées, avec cette différence essentielle que ce principe supérieur est inconscient. Le dieu omniscient et omnipotent des brahmanes fait place à des êtres supérieurs, ayant, par le travail intérieur, acquis une profonde connaissance des lois naturelles, mécaniques qui régissent l'Univers, mais qui sont, comme tout ce qui nous paraît exister, soumis à la loi de l'Impermanence. A une phase d'activité succède une phase de repos ; à une phase de formation, d'aggrégation, succède une phase de dissolution ; et cela, aussi bien pour les mondes, que pour les êtres vivants, que pour les êtres supérieurs aux hommes.

Ces idées admises, l'homme n'est plus qu'une formation tout à fait temporaire, un assemblage d'éléments divers qui va fonctionner grâce à cet assemblage, et qui cessera de fonctionner sitôt que les différents éléments se seront dissociés. Toutes les propriétés de cet assemblage ne dureront qu'autant que l'assemblage lui-même. Nous trouvons le commentaire de cette idée dans un ouvrage que l'Europe possède en pâli et qui comprend une série de dialogues entre le roi Milinda et un ascète célèbre du Boudha, Nâgasêna, dans le livre intitulé les questions du roi Milinda, ou Milindapanha. Même les sensations psychiques (Vedanâ) les idées (Sanna) les tendances (Sankhâra) la conscience (Vinnana) ne sont que des manifestations tout à fait passagères : et comme ce sont toutes ces manifestations qui constituent ce que nous appelons la personnalité humaine, on est obligé de conclure au caractère transitoire de cette personnalité. Et alors, celui qui ayant médité sur ces questions, en reconnaît l'exactitude, acquiert la conviction raisonnée de cette impermanence, celui-là acquiert en même temps la « connaissance », c'est-à-dire se rend compte du peu d'importance à attacher au corps, aux sensations, aux perceptions, aux tendances, à la conscience. « Las de toutes ces choses, la passion l'abandonne; par l'absence de passion, il est affranchi, il est libre, il est conscient de sa liberté, il sait que les renaissances sont épuisées et qu'il ne se produira plus de retour en ce monde ».

Ici, nous trouvons l'idée des renaissances successives, ou, d'après le Boudha, de la formation de nouveaux êtres par la formation de nouveaux assemblages temporaires, dans lesquels entrent, dispersés, les éléments ayant fait partie d'êtres vivants antérieurs. Cette idée des renaissances successives n'est pas propre au Boudhisme, car on la trouve de toute ancienneté dans les textes de l'Inde, bien plus anciens que le Boudhisme. Elle n'est pas non plus particulière à l'Inde, car on la trouve émise ou esquissée dans les ouvrages de certains philosophes grecs et latins. De nos jours, un assez grand nombre d'Européens et surtout d'anglo-saxons, adoptent cette idée. C'est en effet la seule qui permette de comprendre les inégalités sociales de ce monde, le pourquoi des maladies, des misères, des douleurs qui frappent constamment les humains. Et ceci nous amène tout naturellement à ce que les boudhistes désignent sous le nom de Karma.

Plus exactement, nous savons que Karma ne signifie rien par lui seul, bien que les Occidentaux l'emploient souvent ainsi. Il faut dire, de façon plus correcte, Karma et Vipâka, c'est-à-dire l'action et le fruit. En français, on traduit par « la loi de Causalité », on pourrait dire : « la loi de rétribution inéluctable ». L'ouvrage déjà cité, le Mahâvagga, nous dit que c'est cette loi qui fit hésiter le Boudha, au moment d'entreprendre sa tournée dans l'Inde. « Ce sera une chose difficile à comprendre que la loi de Causalité, l'enchaînement des causes et des effets ». De même que l'idée de renaissance, l'idée de Karma est antérieure au Boudha. Depuis que l'Inde avait commencé à discuter philosophie et métaphysique, c'est-à-dire depuis les temps védiques, dont les ouvrages nous sont parvenus et ont été traduits, depuis ce temps, la doctrine du Karma dominait dans les théories des diverses écoles. Ce mot, qu'on peut traduire en français par « action », veut dire qu'il n'y a pas d'effet sans cause, et aussi pas de cause sans effet. Tout acte, physique ou mental, est lié aux actes physiques et mentaux antérieurs et, à son tour, a une influence sur les actes physiques et mentaux qui suivront. Dans notre philosophie occidentale, plus jeune que celle des Hindous, cette idée est relativement nouvelle : elle reparaît de nos jours, dans les théories édifiées par nos savants, relatives à l'hérédité, physique ou mentale, des êtres vivants.

Si l'idée de Karma était antérieure au Boudha, il faut bien se rendre compte que c'est elle qui est à la base de sa doctrine. Les Quatre Vérités et le Sentier aux huit embranchements n'ont qu'un but : faire échapper l'homme à son Karma, non pas en annihilant le passé, mais on ne compromettant pas l'avenir : il échappe ainsi aux renaissances, il sort du tourbillon des réincarnations.

Cette loi du Karma n'est pas une loi de rétribution divine comme en connaissent nos religions occidentales. C'est une loi naturelle, à laquelle, par des moyens naturels, on peut remédier : ces moyens naturels sont la connaissance des 4 Vérités et la pratique du sentier aux 8 embranchements. Quelquefois, il est difficile de savoir d'ou viennent les maux qui accablent un humain dans une de ses existences terrestres, mais cela peut provenir de causes très lointaines et très complexes. Quoiqu'il en soit, et même s'il est difficile de se rendre compte de ces causes, il semble bien que, pour les boudhistes, la loi du Karma ne fasse pas de doute. Dans les « Questions du roi Milinda », le roi demande à Nagasêna : « Pourquoi les hommes ne sont-ils pas tous semblables ? Pourquoi certains ont-ils une vie brève et d'autres une vie longue ? Certains sont-ils malades, et d'autres pleins de santé, certains sont-ils laids, et d'autres beaux, certains sont-ils puissants et d'autres pauvres, d'autres riches, certains naissent-ils dans une condition sociale inférieure et d'autres parmi les hautes classes de la société, certains sont-ils stupides, et d'autres intelligents ?

Nagasêna répondit : pourquoi toutes les plantes ne sont-elles pas semblables ? pourquoi certaines ont-elles une saveur aigre et d'autres ont-elles une saveur salée ou âcre ou acide, ou astringente, ou sucrée ?

Il me paraît, dit le roi, que ces différences proviennent de la différence de qualité des semences.

Ainsi en est-il, ô roi, des différences que vous avez remarquées entre les hommes et dont vous demandez l'explication. Les êtres ont chacun leur Karma propre, ils sont héritiers de leur Karma. Ils ont leur Karma pour ancêtre, pour famille, et pour seigneur suprême. C'est le Karma qui les classe selon toutes sortes de catégories ».

Un autre ouvrage boudhiste, l'Anguttara Nikaya, dit : « Mes œuvres sont mon bien, mes œuvres sont mon héritage, mes œuvres sont la matrice qui m'a engendré, mes œuvres sont la race à laquelle j'appartiens, mes œuvres sont mon refuge ».

Mais avec sa logique imperturbable, le Boudhisme a clairement vu le défaut de cette loi du Karma, puisqu'il ne reconnaissait pas la permanence de la personnalité, ni l'existence de ce que les brahmanes appelaient l'atman, le principe supérieur d'essence totalement différente. Toujours dans les questions du roi Milinda, nous trouvons l'inquiétude des esprits :

« Qu'est ce donc, Nagasêna, qui renait ?

Le Nâma Rupa renait (en français, on peut traduire par personnalité matérielle).

Est ce donc ce Nâma Rupa qui renait ?

Non, mais par ce Nâma Rupa, des actes sont accomplis, des actes bons ou mauvais, et par l'effet de ceux-ci, une autre personnalité matérielle apparaît.

Et le dialogue continue et se lermine ainsi :

.... de même, ô roi, les œuvres bonnes ou mauvaises sont faites par ce Nâma Rupa et un autre Nâma Rupa renait, mais cet autre n'est pas libéré de ses œuvres.

Supposons, ô roi, qu'un homme monte à l'étage supérieur de sa maison et y prenne son repas. Et la lampe flambant trop haut, met le feu au chaume du toit ; ainsi la maison prend feu et le feu se communique de maison en maison, et tout le village est incendié. Et l'on s'empare de cet homme, et on lui dit : « Vous avez brûlé notre village ». Mais lui répond : « Je n'ai pas brûlé votre village. La flamme de la lampe dont la lumière m'éclairait quand je mangeais, était une chose, le feu qui a brûlé votre village en était une autre ».

Et il faut avouer que, à notre point de vue occidental, pour quelqu'un réussissant à se libérer de cette notion de justice égoiste qui nous hante, de cette acceptation simpliste de balance des récompenses et des châtiments, lourd héritage de notre passé religieux, cette loi du Karma, conçue comme l'œuvre et ses suites, l'action et ses conséquences, la loi de l'enchaînement indéfini des causes et des effets (Karma Vipâka), est tout à fait en accord avec les théories scientifiques les plus modernes et cela est à noter.

Ici, les Européens discutent une des conséquences de la loi du Karma, qui semble avoir peu préoccupé les boudhistes, tout au moins les boudhistes anciens : je veux parler du libre arbitre. La volonté d'un homme est-elle ou n'est-elle pas la résultante de causes déterminantes? Pour le Boudhiste, l'homme n'étant qu'un assemblage d'éléments divers, produit de causes connues par nous ou nous échappant, l'homme et ses manifestations physiques ou mentales ne peuvent être que des résultantes. Pour le boudhiste, ce n'est pas parce qu'une personnalité existe, qu'il y a des pensées, des perceptions, etc... mais bien au contraire, c'est parce qu'il y a des pensées, des perceptions, que la personnalité existe. La notion de liberté, telle que les philosophes européens l'ont comprise, ne se pose donc même pas. Quand les livres boudhistes parlent de liberté, c'est tout autre chose : il s'agit de la liberté conquise par celui qui, ayant acquis la complète connaissance des lois de ce monde, de la vanité des passions, de l'impermanence de tous les êtres, du monde et de l'univers, est au-dessus de la crainte, au-dessus du désir. C'est une liberté qui permet au disciple de modifier les causes déterminant ses actes futurs, et sans anéantir complètement les effets de ses actes passés, de les corriger par les effets d'actes accomplis sciemment dans ce but de correction.

Le Kullavagga confirme cette théorie :

« Anâtha Pindika rencontre le Boudha, à l'aube.

J'espère, Seigneur, que le Bienheureux a dormi en paix ?

Il dort toujours en paix, le sage qui est libre...

Celui qui n'est pas ébranlé par la convoitise, qui est calme, libéré du désir, du lien qui nous attache aux choses accomplies, (upadhis) qui a brisé tous les obstacles, a éteint toute angoisse en son cœur ; celui qui a fixé la paix dans son esprit, plein de paix, dort en paix ».

Il est bien évident que cette liberté ne vise que l'avenir, puisque le présent est déjà engagé par les actions antérieures.

Enfin, un des enseignements les plus remarquables, à notre point de vue, c'est celui qui enseigne : « Sois attentif à l'accomplissement des œuvres, jamais à leurs suites » enseignement que nous trouvons dans le Bhagavad Gitâ (1). On a reproché ou Boudhisme de mettre l'inaction comme but suprême à la vie et nous reviendrons tout à l'heure là dessus: c'ést par ignorance de cette vérité : celui qui est libre, c'est celui qui ne s'attache point avec passion aux fruits des actes qu'il accomplit, qui reste détaché, sans désirs, quant aux résultats. Cela ne signifie nullement qu'il n'agit pas.

On peut donc dire, finalement, que la loi du Karma est une simple loi naturelle, scientifique, et nullement une loi de rétribution morale. Les actes portent leurs fruits, pendant

(1) Le Bhagavad Gita n'est pas un ouvrage de littérature boudhiste, mais cependant, un grand nombre des maximes qu'un y trouve sont empruntés au Boudhisme.

la vie de celui qui les faits, ou plus tard, peu importe. Une sutta nous représente un homme couché, et endormi, la nuit. Il se réveille, allume la lampe, appelle son secrétaire, lui dicte une lettre : La lettre écrite, le secrétaire s'en va, l'homme éteint la lampe, se recouche et se rendort. Tout se retrouve comme auparavant. La scène de l'homme dictant, la lampe allumée, le secrétaire écrivant, s'est évanouie ; qu'en reste-t-il ? Il reste l'acte accompli, la lettre qui sera envoyée, et engendrera de nouveaux acte. C'est l'image de la vie, une activité d'un moment qui s'éveille, agit, meurt, mais en laissant après elle ses actions.

De tous les termes empruntés au Boudhisme, il en est un qui a particulièrement frappé les Occidentaux, c'est celui de Nirvâna, en pâli : Nibbana. Il est certainement connu de tous, mais non sa signification, et, là-dessus, les écrivains qui se sont occupés du Boudhisme ont discuté à perte de vue et dissertent encore. Il faut bien que vous vous rendiez compte de la difficulté pour nous, imbus de nos idées philosophiques, métaphysiques, scientifiques, de comprendre des conceptions absolument étrangères à ces idées, sinon après un certain entraînement intellectuel. Il nous faut, non pas modifier nos conceptions, mais y renoncer, pour rebâtir de nouvelles constructions sur une base et un plan totalement différents des premiers.

C'est ainsi qu'un grand nombre d'auteurs occidentaux considèrent le Nirvâna comme le néant, opinion toute faite, mais certainement très fausse. En admettant, à la rigueur, que nous puissions concevoir l'idée du néant (ce qui est douteux, si l'on réfléchit un moment, et avec un tant soit peu d'esprit scientifique) il en est tout autrement dans l'Inde, ou l'idée de rien absolu n'existe pas, et ne se conçoit même pas. A nous reporter aux discussions métaphysiques les plus anciennes qui nous soient parvenues, de l'Inde brahmanique, nous ne trouvons pas un point de départ à commencer de Rien. Pour les Hindous, ce qui n'est pas ne peut venir à l'existence, et ce qui est ne peut cesser d'être. Il y a transformation, et et non création ou disparition.

De plus, nous avons déjà vu que, pour les boudhistes, la personnalité humaine n'existe pas, en réalité : elle ne peut donc pas s'anéantir.

Il faut donc chercher autre part le sens exact du Nirvâna, et quelques écrivains semblent y avoir réussi. Les auteurs boudhistes, qui d'ailleurs prononcent rarement ce mot, le prennent dans une acception qui est déjà un commencement d'explication. C'est l'état mental des ascètes qui, par la méditation, ont atteint la suprême sagesse, et la suprême science, dès cette vie terrestre. C'est l'état d'esprit de ceux qui sont libres, comme je le disais tout à l'heure, et c'est pourquoi il est nécessaire, à mon avis, pour un Européen, d'étudier cette question de la liberté avant d'aborder celle du Nirvâna. Donc, et c'est capital pour nous faciliter l'étude de ce mot, les auteurs boudhistes les plus anciens parlent du Nirvâna comme de l'état mental de celui qui a conquis la liberté, qui a dominé son Karma, qui a atteint la pleine conscience de l'impermanence des choses, de la non réalité de son Moi.

Certes, les livres boudhistes parlent de la possibilité d'existence d'autres mondes, où les éléments désagrégés à la mort, peuvent se regrouper, mais ces mondes, tout comme le nôtre, sont soumis à la dissolution, à la disparition, à l'impermanence. Nulle idée d'un lieu définitif de récompenses ou de repos.

Au contraire, le sage qui a atteint le Nirvâna a, vivant, franchi le seuil qui sépare notre monde d'illusion et d'impermanence, de l'éternel, de l'immuable. Sans doute, les boudhistes distinguent-ils entre le Nirvâna simple, accessible en cette existence terrestre, et le Pari Nirvâna, qui se place à la mort du sage, quand sa forme se désagrège. Mais ceci est une distinction à l'usage de nos cerveaux obscurcis par l'illusion de la personnalité, par la croyance en la permanence de la matière.

Le sage, qui a atteint la suprême degré de science, a perçu la non existence de l'abîme que semble creuser, pour nous, la dissolution d'un organisme : « Les agrégats d'éléments, leur désagrégation, sont perçues par lui comme les phases, indissolublement liées entre elles, d'un incessant mouvement de transformation se poursuivant dans l'infini du temps et de l'espace. En réalité, mort et vie représentent, par rapport à l'existence, ce que l'aspiration et l'expiration sont à notre vie. Il n'y a là nul cataclysme, mais seulement un processus régulier, dont le sage embrasse, sinon l'origine, et le but, du moins la marche au delà des limites de la personnalité ». Cette citation, empruntée à Madame Alexandra David, est la plus nette, la plus précise qu'un européen ait donnée de la conception occidentale des idées boudhistes sur la mort, et, par suite, sur le Nirvâna.

Dans les livres boudhistes traduits, nous ne trouvons pas de définition plus claire que celle donnée plus haut : état mental de celui qui a conquis la liberté, et je ne crois pas qu'il y en ait, pour deux raisons. La première est que le Boudha reste fidèle à son principe, que les discussions métaphysiques, sur des sujets inaccessibles à notre raisons, sont vaines. La deuxième est que les espérances dans un au delà de la mort constituent un danger moral, puisqu'elles sont un lien qui nous rattache à notre Moi, au désir de voir ce Moi survivre, d'ou obstacle absolu à l'acquisition de cette liberté dont il a été question. Pour le sage boudhiste, ce Moi n'ayant pas d'existence réelle peu importe que le Nirvâna, atteint par lui dès cette vie, se prolonge inchangé, quand son être mortel se dissoudra.

Au point de vue étymologique, le mot sanscrit Nirvâna signifie « souffler une lumière pour l'éteindre. » Qu'est ce donc qu'on souffle ? Dans le Samyutta Nikaya, nous trouvons la citation suivante : « Nirvâna, Nirvâna, demande quelqu'un au disciple Sâriputta, qu'est ce donc que le Nirvâna? L'anéantissement du désir, l'anéantissement de la haine, l'anéantissement de l'égarement, voilà, ô ami, ce qu'on appelle le Nirvâna ».

La Sutta Nipata dit : « Ayant en vue la non réalité, ayant abandonné les plaisirs des sens, étant déchargé des doutes, tu contempleras l'extinction de la convoitise (c'est-à-dire le Nirvâna) jour et nuit ».

Nous retrouvons donc l'explication donnée en premier lieu : le Nirvâna semble bien être l'extinction, dès ce monde terrestre, de l'illusion de l'existence réelle du Moi, l'extinction des désirs, de la convoitise, l'extinction de nos erreurs, la libération de notre Karma: Ce qu'on éteint en soufflant, ce sont ces illusions, qui nous cachaient la vérité, qui nous cachaient l'impermanence de ce monde. Le Nirvâna est bien un « au delà » mais pas un au delà de la mort : c'est un au delà de l'erreur, de la croyance fausse à la permanence de notre Moi.

« La mort, dit Alexandra David, ne joue aucun rôle dans la voie qui conduit au Nirvâna. Les agrégats dissous par une action physique, alors que chacune des particules qui les composent est tendue dans un désir effréné de vie individuelle, recréent, sous de nouvelles formes, de la vie individuelle, et n'approchent point du Nirvâna. L'homme vivant, dont la clairvoyance a désagrégé mentalement, avant l'heure, l'assemblage d'éléments formant sa personnalité, celui qui, de ce point de vue différent du nôtre, ne peut plus concevoir de désirs, d'attachement, de convoitise, d'amour ou de haine pour tous ces objets qui l'entourent, qu'il a décomposés et analysés comme il s'est analysé lui-même, celui-là a atteint le Nirvâna ».

Peu importe que, en atteignant le Nirvâna, le sage soit encore dans l'état que nous appelons vivant : pour nous, il existe une différence énorme entre l'état du sage parfait, vivant, et son état, après que son enveloppe terrestre s'est désagrégée : pour lui, il n'y a pas de différence.

S'il nous est donc impossible, à nous occidentaux, de saisir cet état mental que seuls connaissent ceux qui ont atteint la sagesse parfaits, et qui ne peut se définir avec notre langage imparfait, on peut cependant, je crois, approcher très près de la vérité, en disant que c'est un état mental, accessible dès cette vie, état d'équanimité parfaite.

J'ai dit que le Boudha, dans sa conception d'une théorie basée sur la raison, avait laissé de côté les questions métaphysiques, comme étant hors de portée de la raison humaine. Pour lui, les discussions sur ces sujets sont oiseuses, et sans profit. Oiseuses, parce que sans fin : ni d'un côté ni de l'autre, on ne trouvera d'arguments pour convaincre son interlocuteur ; s'il y avait des preuves irréfutables en faveur de telle ou telle solution concernant le mystère de la création du monde, de la fin de l'homme ou de son origine, de la vie, de la mort, ce ne serait plus de la métaphysique, mais de la science positive, et les gens tant soit peu sensés et instruits seraient bien obligés de se rallier à cette solution. Sans profit, parce que ces questions n'ont rien à voir avec le problème de la délivrance de la douleur, le seul qu'ait eu en vue le Boudha. Il a préconisé la lutte contre la douleur par un ensemble d'efforts personnels, par une réaction mentale, ayant pour but d'acquérir la supériorité physique et psychique sur ce qui nous entoure : c'est tout. Un récit boudhiste nous le dit : « Pourquoi le Boudha n'a-t-il pas enseigné à ses disciples si le monde est fini ou infini, si le Boudha continue ou non à vivre au delà de la mort? Parce que la vie morale et mentale de l'homme ne repose pas sur des dogmes de cette espèce Que le monde soit éternel ou non, qu'il soit infini ou limité, un fait demeure : l'existence embrassant la naissance, la vieillesse, la mort, la souffrance sous toutes ses formes, à laquelle j'indique le moyen de mettre un terme ».

Il est fort probable, et nous ne pouvons croire qu'il n'en ait pas été ainsi, étant donnée la puissance intellectuelle du Boudha, qu'il avait des idées fort précises sur ces questions métaphysiques, mais il gardait le silence sur ce sujet, parce qu'elles sortaient du domaine des faits précis susceptibles d'une démonstration par le raisonnement, et aussi parce que dans ce domaine métaphysique, les intuitions qu'on peut avoir ne sont pas communicables par la parole.

L'ouvrage intitulé le Samyutta Nikâya, traduit par Oldenberg, nous fournit une preuve de cela : « séjournant dans un bois, à Kosambi, il prit dans sa main quelques feuilles d'un arbre et dit à ses disciples : Lesquelles, pensez vous, sont les plus nombreuses, ces quelques feuilles que j'ai prises dans ma main, ou les autres feuilles au-dessus de moi, dans l'arbre ? Les disciples répondent, comme de juste, que ce sont les feuilles restées dans l'arbre qui sont les plus nombreuses. Et le Boudha reprend : De même, les choses que j'ai découvertes et ne vous ai pas révélées, sont bien plus nombreuses que celles que je vous ai annoncées. Et celà, parce que ces choses ne seraient d'aucun profit pour vous, ne vous conduiraient pas à l'éloignement des choses terrestres, à l'extinction de tout désir, à la cessation du périssable, à la paix, à la connaissance, au Nirvàna. Que vous ai-je annoncé ? Ce qu'est la douleur, ce qu'est l'origine de la douleur, ce qu'est la délivrance de la douleur, ce qu'est le chemin qui conduit à la délivrance de la douleur, voilà ce que je vous ai annoncé ».

Le Milindapanha, déjà cité, nous confirme cette façon de comprendre l'enseignement du Boudha : « Nagasêna, s'adressant au roi, lui dit : Si le Boudha n'a pas répondu à son disciple Malunkyâputta, qui lui demandait si le monde est éternel ou non dans le temps, si le monde est infini ou non dans l'espace, ce n'est pas par ignorance, ni parce qu'il voulait lui cacher quelque chose. C'est parce que ce genre de problèmes (qui tendent vers la métaphysique) doivent être écartés : il n'y a ni raison, ni objet pour les résoudre ».

Au lieu de la foi aveugle, de la soumission très souvent contraire à la raison, que tant de religions, pour ne pas dire toutes les autres, demandent à leurs disciples, pour des questions métaphysiques absolument étrangères à la religion, le Boudha recommande à ces fidèles la paisible acceptation de l'incertitude devant ce qui dépasse nos facultés. Libre à chacun de chercher, de croire ce qu'il veut, mais ce sont des recherches en dehors de la voie de la Délivrance. C'est une conséquence logique et impérative du principe de ne rien admettre de contraire à la raison, principe déjà examiné plus haut.

Une des méthodes de travail, de perfectionnement le plus recommandé par le Boudha, était la méditation, pour pratiquer le sentier aux huit embranchements. Il faut reconnaître, en effet, que loin d'être une école d'inaction, d'abandon, de renoncement, ainsi que beaucoup d'Européens le croient encore, le Boudhisme est une école de volonté, de lutte d'énergie inlassablement tendue. Et la lutte est d'autant plus dure, que le fidèle se trouve, dès le début de l'enseignement, livré à ses seules forces; c'est une autre conséquence de la théorie: négation du principe d'autorité, affirmation de la raison. Et la lutte est d'autant plus pénible, que le fidèle ne trouve aucun point d'appui ou se retenir puisque les récompenses ou les châtiments d'un autre monde, puisque les divinités, tout cela n'a pas de réalité permanente. Il n'y a pas à compter sur le miracle d'une grâce foudroyante et divine. Le boudhiste est seul avec sa raison, et il lui faut venir à bout de la souffrance; et beaucoup y réussissent. Il me semble bien difficile, après cela, de soutenir que le Boudhisme est une école d'inaction et de rêve. La méditation n'est pas le rêve. Et nous en avons la preuve en nous reportant à des écrits boudhistes. Un écrivain contemporain, Ananda Maitriya, dans un livre intitulé : On the culture of the Mind « nous décrit la méthode d'entraînement progressif de la pensée, dans un but déterminé. Comme l'on habitue ses membres à faire de la gymnastique, à corriger les attitudes défectueuses du corps, que les mouvements, d'abord voulus et conscients, se font peu à peu avec moins d'efforts, nécessitent de moins en moins d'attention, deviennent ensuite machinaux, de même nos désirs, nos pensées, nos inclinations peuvent être corrigées par l'entraînement, puis ensuite la correction devient automatique. » Un homme qui a en lui de puissantes inclinations à la colère, à la cruauté peut arriver à les surmonter, en consacrant régulièrement un certain temps, chaque jour, à concenter son esprit sur les pensées de charité, de bienveillance, Par cette pratique, il accroit la force des tendances qui portent un individu à être charitable et bienveillant et multiplie ces tendances en lui, au détriment des dispositions à la colère et à la cruauté qui, atrophiées par le défaut d'exercice et repoussées par l'envahissement progressif des tendances contraires, perdent graduellement du terrain.

La meilleure et la plus sure voie pour surmonter les dispositions que nous désirons éliminer est la culture systématique des dispositions opposées, par le force de la méditation et dc la concentration d'esprit. Cette pratique de la méditation sur les bonnes tendances est la clé de tout le système de purification et de culture de l'esprit qui constitue la base de l'action pratique dans le Boudhisme.

De même qu'un ingénieur habile, en présence d'une machine dont la marche est défectueuse et ne répond pas au but qu'on en attend, examine chacune de ses parties, fait ajuster une pièce, donne un coup de lime, serre un écrou, jusqu'à ce qu'il ait obtenu un fonctionnement satisfaisant, ainsi devons nous agir, chacun pour notre propre compte, en ce qui concerne le mécanisme de notre esprit, par le moyen de la méditation et de la concentration d'esprit (samâdhi).

Deux méthodes de méditation sont recommandées : la première est la réflexion profonde sur les choses, afin d'en pénétrer la nature (Sammâsati). Cela consiste à analyser, à disséquer jusqu'à l'extrême tout objet de notre entourage, tout ce qui fait partie de nous même, tout sentiment, toute sensation. L'auteur déjà cité fait remarquer avec la plus grande justesse que l'habitude d'exécuter un même acte à la même heure se prend très rapidement. Celui qui s'est accoutumé à se promener, à manger à une heure déterminée, éprouve, automatiquement, le désir de sortir, le besoin de manger à ce moment précis. Cette tendance, très puissante, est susceptible de nous aider dans la pratique de la méditation. Après avoir consacré régulièrement un certain temps à la méditation à une heure donnée, l'usage s'en établira, et la concentration d'esprit s'opèrera plus aisément.

Un autre procédé consiste à exercer sa mémoire, en s'efforçant de récapituler les actes, les perceptions, les sentiments éprouvés ou les sensations ressenties au cours d'une journée, d'une semaine, d'un mois, d'une année, ou plus. En effet, et à juste titre, pour nous Occidentaux, le Boudhisme attribue un rôle très important à la mémoire. Que serait la plus brillante intelligence, sans la mémoire ? Qu'importe un penseur profond, s'il oublie à mesure les idées géniales qui ont germé dans son cerveau ? La réaclion de l'esprit, en présence des multiples incidents de la vie journalière, peut être instantanée, le réflexe, c'est-à-dire l'acte de défense, peut suivre sans délai, si la mémoire de l'expérience acquise ne fait pas défaut.

La méditation doit s'exercer également sur le corps lui même et son fonctionnement, pratique que les Européens appellent l'introspection. Les « Méditations du Cimetière » enregistrées dans l'ouvrage appelé le Digha Nikâya, invite le disciple à contempler son corps, et celui des autres, à en analyser le néant : « Les corps ne sont que cela ». Puis suit l'analyse des sentiments, des sensations, et finalement, le retour aux Quatre Vérités. En certains points de ces théories sur la méditation, on trouve des ressemblances avec la vieille doctrine stoïcienne, et c'est cela qui a pu faire dire à quelques Européens que le but du Boudhisme était la suprême indifférence. C'est faux. Le disciple parfait possède la sérénité et l'impassibilité stoïcienne, mais pour lui, c'est un moyen d'arriver à son but : la délivrance de la douleur ; ce n'est pas le but lui-même

Le second mode de méditation, le Samma Samâdhi, ou concentartion droite, est le dernier embranchement du Sentier aux 8 branches. Les premiers Européens qui ont traduit les livres Hindous, nous ont représenté le Samâdhi comme un état hypnotique, d'inertie corporelle et mentale, ce qui a, pendant longtemps, donné créance à cette autre idée : le Boudhisme est une théories d'inaction, de torpeur, théorie dont j'ai déja fait justice. Mieux documentés, tous ceux des Européens qui se sont donné la peine de lire les textes en cherchant le sens vrai, qui se sont donné la peine de lire les commentaires des livres sacrés, sont aujourd'hui d'une opinion contraire. Le Dhammapada dit : « Les disciples de Gôtama sont perpétuellement et constamment éveillés ». Un autre texte nous définit l'état de Samâdhi : « L'unité d'esprit ; voilà ce qui est le Samâdhi. »

La concentration d'esprit ne peut se pratiquer que si d'autres conditions sont préalablement remplies, entre autres, l'effort droit, c'est-à-dire le même embranchement du Sentier. « Si le disciple vit une vie sainte, une vie vertueuse, possédant la maîtrise de ses sens et plein de clairvoyance » il pourra, alors seulement, essayer de se livrer à la concentration mentale.

Certes, le Boudhisme n'est pas le seul système qui recommande la méditation ; dans un grand nombre de religions, les ermites, les moines, les solitaires ont poussé très loin l'exercice de la méditation. Mais je ne crois pas que cet éducation de l'esprit ait jamais, autre part que dans le Boudhisme, été analysée aussi subtilement, poussée aussi loin, conçue aussi rationnellement. Elle tend à faire, des disciples qui s'y livrent, des esprits clairvoyants, en pleine possession de tous leurs moyens.

A ces deux premiers degrés, succèdent des méditations d'ordre transcendant, dans lesquels la réflexion et le raisonnement disparaissent, pour ne laisser que les sens et les sensations « parfaitement alertes, vigilants, clairement conscients. « Enfin, succède un état de parfaite clairvoyance d'esprit». (Vipassanâ). Et le résultat, c'est que le disciple est devenu « un penseur calme, silencieux » complètement détaché des spéculations métaphysiques. « Je suis, frères, est une vaine pensée ; je ne suis pas est une vaine pensée ; je serai, est une vaine pensée ; j'aurai une forme, est une vaine pensée ; je serai sans forme, est une vaine pensée ; je serai conscient, est une vaine pensée ; je serai inconscient, est une vaine pensée ; je ne serai ni conscient ni inconscient, est une vaine pensée. Avoir de vaines pensées, c'est être un malade. Avoir de vaines pensées, c'est souffrir Celui qui a surmonté les vaines pensées est appelé le calme penseur. Et le penseur, le calme penseur, n'apparaît point, ne disparaît point, ne meurt point, ne tremble point, ne désire point, parce qu'il n'y a rien en lui qui apparaîtrait. Et puisqu'il n'apparaît point comment pourrait-il disparaître ? Puisqu'il ne disparaît pas, comment pourrait-il mourir ? Puisqu'il ne meurt pas, comment pourrait-il trembler ? Puisqu'il ne tremble pas, comment pourrait-il désirer ?

Cette inébranlable délivrance de l'esprit, tel est le véritable objet, l'état d'Arahat, le cœur de l'ascétisme, tel est le But ».

Cette question de la méditation est, je le répète, une de celles qui ont été le plus mal comprises dans nos pays et c'est seulement tout récemment que, mieux renseignés, mieux documentés, les milieux européens tendent à revenir à des idées plus justes.

Un autre point sur lequel vous entendrez bien des Européens peu ou pas renseignés, se tromper, est celui du prétendu pessimisme boudhiste. Que n'a-t-on pas dit là-dessus ?

D'après beaucoup d'Européens, qui n'ont jamais cherché à se documenter et par suite, à comprendre quoique ce soit de la doctrine boudhiste, le fait, pour le boudhiste, de déclarer que tout en ce monde est souffrance, équivaut au renoncement à toute lutte; c'est la fin de tout, c'est l'aveu d'impuissance. Et pourtant, est-ce que le fait de reconnaître la puissance d'un adversaire avec lequel on va engager la lutte signifie le renoncement à la lutte? cela signifie-t-il qu'on s'avoue battu d'avance? N'est-ce pas plutôt un stimulant capable de surexciter les forces de quiconque est digne de lutter ? « Mon adversaire, la souffrance de ce monde, dit le boudhiste, est dur à terrasser, il règne partout, mais à nous deux. Et, retroussant ses manches, ceignant ses reins, il engage le combat, seul, mais sans crainte, les forces décuplées par la conviction que, si l'adversaire est de taille, il est lui, le disciple, capable de vaincre. Où est le pessimisme là dedans? Est-ce que reconnaître un danger est du pessimisme ? Est-il pessimiste, le médecin qui, venant visiter un malade, dit aux parents: « Sans doute, votre enfant est gravement malade, mais la médecine a des ressources: nous allons voir cela». Et, son amour-propre surexcité par la gravité du mal, il redouble de sang froid, de science, d'efforts, et domine la maladie? Je crois plutôt qu'il faut appeler pessimiste celui qui, voyant un mal ou un danger, se déclare battu d'avance, qu'il est inutile de lutter, que tout effort sera vain. Mais ce n'est pas le cas du boudhiste, dont la vie terrestre n'est qu'une longue suite ininterrompue d'efforts et de luttes. Ces combats contre la douleur, pour être tout intérieurs et personnels, n'en existent pas moins ; il suffit de se reporter à ce que j'en ai dit pour s'en convaincre : le Boudhisme, loin d'être pessimiste loin d'être un renoncement, est une doctrine de lutte et de victoire. « Mieux vaut pour moi mourir dans la bataille contre le mal que d'être vaincu par lui en demeurant vivant », dit la Padhama Sutta. « L'indolence est une infirmité, la paresse perpétuelle, une souillure. Par un vigoureux effort, aidé par la clairvoyance, vous arracherez cette flèche empoisonnée qui est l'indolence », dit l'Uttana Sutta. « Fais-toi une île à toi même, travaille fortement, sois savant » dit le Chammapada.

Quant à la prétendue tristesse de la doctrine Boudhiste, elle n'est pas plus exacte que le pessimisme. De nombreux textes recommandent l'égalité d'humeur, et vantent la joie de celui qui, ayant reconnu l'inanité des choses de ce monde, attend paisiblement la fin de sa vie terrestre. « Je ne désire pas la mort, je ne crains pas la mort ; d'un cœur indifférent et paisible, j'attends son heure », dit un texte. Jamais un véritable boudhiste ne se lamente sur sa fin prochaine, phénomène tout à fait secondaire pour lui.

Si les Occidentaux se sont trompés lourdement sur le caractère soi-disant pessimiste, soi-disant de renoncement, soi-disant de tristesse du Boudhisme, par contre. tous reconnaissent à l'envie l'admirable charité qu'il répand autour de lui. Une intense compassion pour tout ce qui entoure le disciple, aussi bien pour les hommes que pour les animaux, compassion née de sa conviction que tous les êtres vivants ne sont qu'une vaste communauté d'éléments communs, diversement agencés aujourd'hui et agencés d'autre façon demain, ensemble dont il est lui même une partie, compassion née de cette conviction que la souffrance est universelle, et plus dure à supporter pour ceux qui n'est pas encore compris les quatre Vérités, d'ou peut venir la délivrance : cette compassion a conquis au Boudhisme la sympathie d'autres croyants d'autres religions. « Pour tout dire en un mot, dit Louis de la Vallée Poussin, écrivain catholique, les boudhistes ont droit à notre attention, à notre sympathie, souvent même à notre admiration ».

Cette compassion universelle implique une absolue tolérance, et, de fait, depuis 25 siècles que la première prédication du Boudha eut lieu à Bénares, au parc des Gazelles, malgré les schismes, malgré les périodes de persécutions auxquelles il fut en proie, malgré les perturbations politiques, les luttes de castes, le Boudhisme garda toujours intact et appliqua le principe de tolérance, d'entier respect des convictions d'autrui. A certaines époques de l'histoire de l'Inde, nous voyons des souverains puissants, tels le roi Açoka, donner tout leur appui au Boudhisme, soutenir de toute leur autorité les disciples et les moines. Jamais un boudhiste n'en profita pour tourner cette puissance temporelle contre les adversaires, puissants, de sa religion. Les boudhistes répandirent leur religion par la parole, ils envoyèrent des missionnaires au loin, mais des missionnaires pacifiques, et c'est ce qui assura leur immense succès. Fidèles au principe du libre raisonnement et de la libre critique, qu'ils s'appliquent à eux-mêmes, ils l'appliquent aux autres. Il y eut, dans les siècles qui suivirent la mort du Boudha, de violentes tentatives de la part des brahmanes dépossédés du pouvoir temporel pour le reprendre et pour anéantir le Boudhisme, cet à quoi ils réussirent en maints endroits. Les brahmanes usaient de violence et répandaient le sang de leurs adversaires. Quand, à leur tour, les boudhistes reprenaient le dessus, grâce à la propagande ou grâce à l'appui d'un prince, ils n'usèrent jamais de représailles. On a reproché les luttes, parfois sanglantes, qui eurent lieu à la mort du Boudha, entre des princes hindous, pour se disputer les reliques du fondateur de la religion. Ces luttes, ces querelles, n'ont jamais eu le caractère odieux de persécutions vis-à-vis d'étrangers à la religion, pour les forcer à embrasser des croyances nouvelles. Personne n'a jamais prétendu que des boudhistes n'avaient jamais versé le sang. Il y eut, dans l'histoire de l'Asie, des conquérants et des soldats boudhistes ; mais ils luttaient pour tout autre chose que pour propager leur religion. C'est là un fait absolument unique, que de voir une religion, comprenant des fidèles de races très différentes, et en aussi grand nombre, et qui n'a jamais cherché à imposer ses croyances par la force. Comme le dit Mme Alexandra David, ce fait constitue au Boudhisme une haute supériorité morale, un titre à l'universel respect des penseurs. Le souvenir de ces annales vierges de sang mérite d'être retenu.

Pour terminer cette trop longue et très ardue causerie, forcément incomplète, et touffue tout à la fois, je me résumerai ainsi :

A nos yeux d'Occidentaux, le Boudhisme vaut, par son élévation d'idées, par son caractère essentiellement pratique, négligeant les problèmes hors d'atteinte pour nos moyens d'investigation, par sa charité, par sa compassion et par sa tolérance. Il vaut surtout par son caractère rationnel, et c'est pourquoi on peut le qualifier de système de philosophie scientifique.

Je ne veux pas m'arrêter avant d'avoir remercié très vivement tous ceux qui ont bien voulu me faciliter la tâche, en organisant cette conférence, en traduisant enfin mon texte en cambodgien.

LE NIBBANA (Nirvâna) (1)

Conférence faite

AUX BONZES DU CAMBODGE

à la Bibliothèque Royale de Pnom-Penh

(1) Nibbana en pâli.
Nirvâna en sanscrit.

LE NIBBANA (Nirvâna)

Conférence faite à Pnom-Penh

AUX BONZES DE L'ÉCOLE DE PALI

Si, dans le Boudhisme, le but que poursuivent les innombrables fidèles est, par leurs vertus, par leurs actes de bienfaisance, par leur conduite, de mériter de futures renaissances dans les meilleures conditions possibles, en revanche, les religieux qui, par les mérites acquis au cours des nombreuses vies antérieures, sont préparés à cette conquête, visent un but plus haut, la conquête du Nibbana, et s'efforcent pour y arriver, de suivre le chemin indiqué par le Boudha. Samghabhadda disait : « C'est uniquement et absolument pour arriver au Nibbana que le religieux ont quitté ce monde et sont entré dans la confrérie du Boudha ».

Le fidèle non religieux espère bien, lui aussi, un jour à venir, obtenir une existence dans laquelle il adoptera la vie religieuse et poursuivre le but suprême, mais c'est pour plus tard.

« Dans le Délivré (celui qui connaît les 4 Vérités) s'éveille la connaissance de sa Délivrance ; la renaissance est anéantie ; le devoir rempli ; il n'y a plus de retour en ce monde : voilà ce qu'il connaît ». (Samyutta Nikâya).

« Il existe deux extrêmes dont celui qui voit religieusement doit s'écarter. L'un est une vie toute abandonnée à la sensualité et à la jouissance ; cela est vil, grossier et vain. L'autre est une vie de macérations ; cela est pénible et vain. Le Tathâgata a évité des deux extrêmes et par là, il a trouvé le sentier du milieu qui conduit à la clairvoyance, à la sagesse, à la tranquillité, au savoir, à la connaissance parfaite, au Nibbâna ». (Mahâvagga).

Enfin, citation encore plus nette et catégorique : « Le Nibbâna, voilà ou va s'abîmer la vie sainte. Le Nibbâna est son but. Le Nibbâna est son terme ». (Majjhima Nikâya).

Ces trois extraits de trois écrits boudhistes différents, entre quantité d'autres, montrent bien clairement que le but du boudhiste est l'accession au Nibbâna, le reste n'étant que le moyen d'y parvenir. L'Aryamagga ou la Noble Voie, est la recherche de la connaissance suprême qui est le Nibbâna.

Si les différentes définitions concernant la mise en pratique du Sentier aux huit embranchements sont relativement faciles à saisir, même pour des Occidentaux, il en est tout autrement en ce qui concerne le Nibbâna.

Peut-être aucun point de la Doctrine n'a-t-il soulevé autant de discussions, autant de controverses. Cela se comprend, puisqu'en somme il s'agit du but suprême à atteindre, pour la possession duquel le boudhiste lutte pendant des existences successive saus nombre. Cherchons donc un peu dans les textes les définitions données par des auteurs différents, définitions qui nous aiderons à nous former une opinion, en admettant que nous puissions le faire, ce qui paraît un peu présomptueux.

Disons d'abord que le mot Nibbâna existait avant le Boudhisme, et désignait déjà la félicité suprême et la délivrance de toute renaissance en ce monde.

« Nîbbâna, Nibbâna, disent-ils, ami Sâriputta; qu'est ce donc, ami, que le Nibbâna? — L'anéantissement du désir, l'anéantissement de la haine, l'anéantissement de l'égarement : voilà ô ami ce qu'on appelle le Nibbâna ». (Samyutta Sutta).

Dans le Dhammapada, nous trouvons cette phrase, sur laquelle nous reviendrons: « Si tu as découvert la destruction des sankhâras, tu connais l'Increé ».

Le Suttanipâta dit: « Là ou il n'y a rien, ou il n'y a aucun attachement, l'île, l'unique, c'est elle que j'appelle le Nibbâna, la fin de la vieillesse et de la mort».

Tout ceci nous indique déjà que le Nibbâna résulte de la destruction dans l'être humain, et par l'être humain lui-même, des désirs, des passions, des sankharas, c'est-à-dire des formations, des actes et des volitions engendrés par nos sens ignorants.

« Le disciple qui s'est échappé des sentiers trompeurs du Samsâra (cycle des renaissances) celui qui a passé à l'autre bord et atteint la rive, riche de contemplations, sans défaillance, sans désirs, celui qui, délivré des choses de la terre, a atteint le Nibbâna, celui-là je l'appelle un vrai Brâhmane ». (Dhammapada).

« Dans ce monde, beaucoup a été vu, entendu et pensé ; la destruction de la passion et du désir pour les objets qui ont été perçus est cet impérissable état de Nibbâna, ceux qui ont compris cela sont réfléchis et calmes parce qu'ils ont vu la Loi ; paisibles et divins, ceux là ont passé au delà du désir en ce monde ». (Sutta Nipata).

« Si un disciple désire, ô frères, par la destruction de la sensualité, de l'illusion de la permanence des choses en ce monde, de l'ignorance, par lui-même et quoiqu'en ce monde, connaître, réaliser et atteindre l'état qui est propre aux Arhats, l'émancipation du cœur et celle de l'esprit, qu'il soit d'une entière droiture, qu'il soit fidèle à cette quiétude du cœur qui jaillit de l'intérieur, qu'il ne repousse pas l'extase de la contemplation, qu'il sonde les choses, qu'il vive très solitaire ». (Akankheyya Sutta).

Ajoutons encore deux citations :

« L'abandon complet, la purification, l'épuisement, le détachement, la destruction, l'apaisement, le passage définitif de la douleur : la non-renaissance, la non-prise, la non-apparition d'une autre douleur cela est calme, cela est excellent, à savoir le rejet de tout upadhi, l'épuisement de la soif, le détachement, la destruction de Nibbâna ». (Abhidhammakoça).

« La 3e vérité, ou Nibbâna, c'est ce qui est vraiment la destruction de la douleur, à savoir la destruction de la soif, le détachement de la soif ; l'abandon, le rejet, la délivrance de la soif ».

Toutes ces définitions, pour uniformes qu'elles paraîssent, contiennent cependant quelques termes différents qu'il importe dès maintenant de retenir. L'une dit : « l'anéantissement du désir, de la haine, de l'égarement ». L'autre parle de l'Increéé. Deux citations mentionnent que le Nibbâna peut être atteint dès ce monde. Une autre dit que celui qui a atteint le Nibbâna est riche en contemplations, et enfin le Sutta Nipata déclare que ceux qui ont conquis le Nibbâna sont fléchi et calmes. Enfin, la première citation dit que celui qui a atteint le Nibbâna a la connaissance de la Délivrance.

Aucune définition ne parle du Nibbâna comme étant le néant, la fin de tout, ainsi que certaines écoles boudhistes et de nombreux Européens l'ont cru et le croient encore.

Le Samyutta Nikâya déclare très nettement que le religieux Yamaka était d'opinion perverse parce qu'il croyait « qu'un moine, libre de péchés, quand son corps se brise, tombe en partage à l'anéantissement, qu'il disparaît, qu'il n'existe pas au delà de la mort ». Le disciple Sâriputta réussit à persuader Yamaka de la fausseté de cette opinion.

Un récit boudhiste nous parle d'un disciple de Boudha, Dabba, qui de son plein gré, en présence du Maître s'éleva dans les airs, entres dans le recueillement de l'élément igné, en sortit, puis entra dans le Nibbâna, sans qu'il restât rien de son corps. Et le Maître de dire : « On ne reconnaît pas où va le feu qui s'est peu à peu éteint, de même est-il impossible de dire ou vont les saints parfaitement délivrés, qui ont traversé le torrent des désirs, qui ont atteint le bonheur inébranlable ». Comme le fait remarquer Louis de la Vallée Poussin, cet Udana (déclaration) dit très clairement que ni le feu, ni le saint ne sont anéantis. Le saint qui a atteint le Nibbâna n'est plus ce qu'il était, un être vivant, une personne, une sensibilité, une pensée. La délivrance, le parfait bonheur, est de passer au delà de toutes les formes connues et imaginables d'existences ».

« Ceux qui pensent qu'on peut sortir de l'existence par l'inexistence ne sont pas délivrés de l'existence ».

« Le Saint qui a atteint le Nibbâna est profond, non mesurable, incalculable ; on dit qu'il a atteint le Nibbâna parce que désir, aversion et ignorance ont été détruits ». (Nettipakarana).

Dans la première de ces deux citations, il est dit on ne peut plus nettement qu'on ne peut sortir de l'existence par l'anéantissement, car le non existence serait l'anéantissement. La deuxième citation dit qu'il s'agit de destruction, mais destruction du désir, de la haine et de l'ignorance, et nullement destruction totale.

D'ailleurs, si le néant existe pour nos esprits occidentaux, à condition qu'on ne cherche pas trop à le définir, pour les orientaux, ce mot ne correspond à rien. Quelque chose ne peut venir de rien et ne peut retourner à rien. Qu'après la mort à laquelle sont soumis tous les êtres, les différents éléments dont étaient composés ces êtres se dissocient, se séparent puis se transforment, rien de plus clair. Mais aucun de ces éléments ou des éléments de ces éléments ne devient néant. Il rentre, sous une forme ou sous une autre, dans la composition de nouveaux agrégats temporaires.

Donc le Nibbâna ne semble jamais avoir été, dans l'esprit du Boudha, un anéantissement définitif.

Nous avons parlé tout à l'heure, du Nibbâna « dès ce monde ».

En effet, les prédications du Maître sont formelles. Le religion qui a su, par des méditations appropriées, des exercices spirituels, une vie de sainteté (et aussi par les mérites acquis au cours de vies antérieures) s'élever à un complet détachement de ce monde et de ses passions, atteint avant sa mort terrestre, un état qui n'est déjà presque plus de ce monde, et pendant lequelle il peut prendre conscience du Nibbâna. Ceux qui l'obtiennent sont les Saints accomplis, les Arhats. Ils sont déjà, quoique vivants physiquement, dans le même état spirituel qu'ils auront, lorsque la mort les aura frappés. Sans doute, l'Arhat continue à vivre, le corps se nourrit et, par suite, les différents éléments, sens, nerfs cerveau, organes des sensations, perceptions, formations, continuent à sentir, à transmettre, à penser, les formations existent, la connaissance aussi, mais déjà épurée, car, d'autre part, les passions, les désirs, l'attachement à ce monde, la haine, ont été supprimés par les efforts accomplis dans les vies antérieures, et par la méditation. Quand la mort arrivera, le Saint ne changera pas d'état, il était déjà au seuil du Nibbâna.

La différence lorsque l'Arhat passera du Nibbâna en ce monde terrestre dans le Nibbâna supraterrestre est qu'ici bas, il possède encore les divers éléments corporels ou spirituels qui composent l'être humain ; cet état est le Nibbâna avec Upadhi, c'est-à-dire accompagné des éléments de l'existence (corps, sensations, perceptions, formations, connaissance.) Lorsque la mort survient, ces Upadi restants se séparent, achèvent de se désagréger, et le Saint entre dans le Nibbâna sans Upadi, ou sans restes. On peut dire que la suppression des passions, du désir, de la haine, donne l'état spécial d'Arhat, ou Nibbâna avec reste d'Upadi. La fin de la douleur et de l'existence donne le Nibbâna sans restes d'Upadi (Itivuttaka).

« Le corps du Tathâgata continue à exister bien que soit coupée la soif qui produit une nouvelle existence. Aussi longtemps que durera son corps, aussi longtemps les dieux et les hommes le verront. Quand son corps sera brisé, ni les dieux ni les hommes ne le verront plus » (Digha).

Nous reviendrons, avant de conclure, à cet état du Nibbâna sur terre qui précède le Nibbâna définitif, et dans lequel l'Arhat prend conscience qu'il a atteint le but, mais seulement au cours de ses extases. Dès que cesse l'extase, il se rappelle ce qu'il a entrevu, mais est incapable de le traduire en langage humain.

Comment atteindre ce Nibbâna en ce monde ? (Ditthadhammanibbâna), le Boudhisme recommande comme chemin du Nibbâna, les 4 dhyâna, puis les 4 arupya, puis un dernier degré, accession immédiate au Nibbâna ; le religieux est devenu Arhat.

Ces extases constituent une sorte d'entraînement pour les facultés spirituelles de l'homme, facultés qui peuvent se développer ou s'atrophier, suivant qu'on les fortifie ou qu'on les néglige, absolument comme les facultés physiques de l'être humain se développent par une gymnastique rationnelle, ou, au contraire, disparaîssent, si on les néglige.

Le Mâhasudassana sutta nous donne un récit ou sont exposés les 4 premiers degrés de l'extase ; c'est le Maître qui parle à son disciple Ananda.

« Pour atteindre le 1er degré, le disciple se recueille en lui-même, chasse toute mauvaise pensée, s'efforce à la « pensée droite » ainsi qu'il est recommandé pour suivre le « sentier aux huit embranchements ». — « Il atteint ainsi le premier Djâna, état de bien être et de joie, produit par la solitude, un état de réflexion et de recherches.

Allant plus loin et écartant de lui la réflexion et la recherche, il atteint le second Jhâna, état de bien être et de joie, produit par la sérénité, un état de quiétude et d'élévation d'esprit.

Cessant de se complaire en la joie, il demeure indifférent, conscient, maître de lui, et atteint le 3e Jhâna, état de confort intime.

Enfin, écartant le bien être, rejetant la douleur, étant mort à la joie comme à la souffrance, il atteint le 4e Jhâna, état de parfaite et pure maitrise de soi-même et de sérénité ».

Ces sentiments qui accompagnent les 4 premiers degrés la méditation profonde sont appelés les 4 sentiments infinis, Appamannas, et tiennent une grande place dans la vie journalière des candidats au Nibbâna.

La « méditation pure » est en effet la huitième prescription du Sentier aux huit embranchements.

Les degrés d'extase qui suivent transportent le fidèle dans des régions complètement immatérielles, ou il envisage successivement « l'espace infini, la pensée infinie, la non-existence de tout », pour atteindre un état d'esprit entre l'idée et la non-idée. Le dernier degré est le recueillement de la cessation de l'idée et de la sensation, c'est-à-dire suppression de la pensée et de la sensibilité ; à ce moment, le disciple est devenu Arhat, il a conquis la Délivrance.

Il faut noter que la pratique des premiers degrés de l'extase n'est pas jugée absolument nécessaire pour obtenir les derniers degrés. L'Abhidamma le mentionne très clairement. La pratique de ces méditations est seulement recommandée à la plupart des religieux. D'aucuns, mieux doués ou mieux préparés, peuvent atteindre d'embléeles méditations sur l'espace infini, la pensée infinie, etc ..

Il faut aussi remarquer que l'Arhat n'est pas, quoique certains auteurs européens aient pensé, dans un état d'engourdissement ou de catalepsie. L'Adhidamma dit que l'Arhat possède une connaissance supérieure, grâce à un état de claivoyance absolue, Nipassanâ.

« Celui qui a surmonté les vaines pensées est appelé le calme penseur ».

Cette inébranlible délivrance de l'esprit l'état d'Arhat l'objet de l'ascétisme, tel est le but ». (Nyâtiloka.)

Une question se pose, au moins aussi difficile à résoudre, sinon plus, que celle du Nibbâna, mais dont la solution faciliterait une compréhension plus exacte du Nibbâna. Qu'est ce qui entre dans le Nibbâna, à la mort de l'homme ?

Là encore, nous ne pouvons avoir la prétention de résoudre ce problème qui, dès le début du Boudhisme, a soulevé de nombreuses controverses, suscité de nombreuses questions, et reçu de multiples solutions. Nous ne pouvons qu'éliminer quelques'unes de ces solutions, en nous appuyant sur des textes formels. Quant aux autres, libre à chacun de s'en faire une idée et d'adopter celle qu'il préfère.

Parmi les éléments psychiques qu'on a cru pouvoir assurer, et la transmission d'une existence à l'autre, et le passage dans le Nibbâna, c'est-à-dire élément persistant après la mort avec le même rôle à jouer plus tard que celui qu'il avait joué auparavant, figure : l'âtman, qu'on traduit quelquefois par âme, mais il faut bien se garder de donner à ce mot le sens religieux qui lui est habituellement attaché en Europe.

Mais le canon boudhiste nie l'âtman. « Pourquoi le Bienheureux n'a-t-il pas répondu aux questions sur l'éternité du Monde ? — Ou bien on désigne par le mot monde un âtman, un soi. Or, il n'y a pas d'âtman : il n'y a donc rien à dire du monde qui n'existe pas ».

Le Vijnâna, que nous traduisons par connaissance ou intelligence, d'après certains livres boudhistes, assure le passage d'une existence à l'autre (Samyutta). Pendant la durée d'une existence, la connaissance est un des éléments qui avec les autres : corps, sensations, perceptions, formations, nous donnent l'illusion d'un « Moi ». La connaissance résulte des perceptions, des sensations, des formations, qu'elle contrôle à son tour. Il semble que la connaissance joué un rôle prépondérant dans l'agrégat de l'être humain « mon corps est matériel, formé des 4 éléments, né du père et de la mère, accru par le riz, de sa nature périssable ; d'autre part, mon vijnâna qui s'y trouve lié et attaché » (Godhika-Digha).

Un dialogue entre le Boudha et Ananda est très explicite : « Si la Connaissance, ô Ananda, ne descendait pas dans le sien de la mère, est ce que les nom et corps se formeraient dans le sein de la mère ? — Non, Seigneur. Et si la Connaissance, ô Ananda, après être descendue dans le sein de la mère, abandonnait de nouveau sa place, est ce que les nom et corps naîtraient à cette vie ? — Non, Seigneur. — Et si la Connaissance, ô Ananda, dans le garçon ou la fille, pendant qu'ils sont encore petits, venait de nouveau à se perdre, est ce que les nom et corps obtiendraient croissance, développement, progrès ? — Non, Seigneur ». (Digha Nikâya).

« La Connaissance, dit le même ouvrage, l'innombrable, l'infinie, la tout-illuminante ; c'est ce ou ni l'eau, ni la terre, ni le feu, ni l'air, ne trouvent de place, ce en quoi grandeur et petitesse, faiblesse et force, beauté et laideur, en quoi nom et corps cessent du tout au tout ».

Mais si les nom et corps reposent sur la Connaissance, celle-ci en dépend à son tour.

« Si, ô Ananda, la Connaissance ne trouvait pas les nom et corps comme point d'appui, est ce que, dans la suite, naissance, vieillesse et mort, origine et développement de la Douleur, viendraient à se manifester ? Il n'en serait rien, Seigneur. — Par suite, ô Ananda, c'est là la cause, c'est là le fond, c'est là l'origine, c'est là la base de la Connaissance : les nom et corps ».

Un religieux nommé Sâti croyait que la Connaissance actuelle d'un être humain provenait directement de la Connaissance transmise de l'existence précédente. Le Majjhima Nikâya nous apprend que cette opinion est hérétique.

Quelques écoles boudhistes enseignent que la conception provient d'un Gandharva, principe subtil, échappé d'un corps humain et qui se réincarne. (Majjhima Nikâya, Abhidammakoça), mais sans rien préciser à ce sujet.

Un autre élément, le Satta, est quelquefois cité comme principe éternel de la personnalité, mais pas plus que l'atman, que le principe vital ou jiva, que le principe appelé pudgala, qui tous désignent la personnalité, il n'est approuvé nettement par les textes.

« Nagasena dit : Le principe vital aussi n'existe pas. Comment pourrait je dire qu'il est identique au corps ou qu'il est différent du corps ? » (Abhidammakoça.)

Il apparaît donc que si les conditions d'existence d'un être humain sont sous la dépendance directe des actes et des volitions de ses existences antérieures, aucun principe ne provient directement de ces mêmes existences. « Celui qui mange le fruit de l'acte dans une certaine existence n'est pas celui qui a fait l'acte dans une existence antérieure, mais il n'est pas un autre. » C'est la théorie des séries. La connaissance, les autres composantes de l'être sont transitoires, mais engendrées par les éléments correspondants de l'existence précédente. Sur la mer, les vagues sont produites, non par de l'eau qui se déplace, mais par un mouvement ondulatoire qui se transmet de proche en proche, sans qu'il y ait déplacement de matière. Il en est de même pour l'existence : c'est une ondulation qui se transmet, sans que rien n'accompagne ce mouvement.

Si, déjà, il est bien difficile de déterminer l'enchainement des existences, comment s'attaquer au problème posé : quel élément passe dans le Nibbâna ? Ici, nous avons deux inconnues : élément qui passe et Nibbâna, dont nous ignorons tout.

En ce qui concerne le Nibbâna de l'Arhat, Nibbâna avec Upadi, nous savons que l'Arhat conserve l'usage de ses sens, de son cerveau, de sa connaissance, qui s'est sublimée, et qu'il a même acquis des facultés sur-humaines. Mais quand il passe dans le Nibbâna sans restes ?

« Brisé est le corps ; éteinte est l'imagination ; les sensations sont toutes évanouies ; les formations ont trouvé relâche ; la connaissance est rentrée dans son repos. (Udâna) dit le Boudha en parlant d'un disciple entré dans le Nibbâna.

Le moine Gôdhika, dont nous avons déjà parlé, entre dans le Nibbâna en se suicidant, et le Boudha explique à, ses disciples : « Où la connaissance de Gôdhika a-t-elle trouvé son séjour ? — Gôdhika le noble est entré dans le Nibbâna ; nulle part ne demeure sa connaissance ». (Samyutta Nikâya).

A propos de ces deux dernières citations, je soulignerai que la première dit : « la connaissance est rentrée dans son repos » ce qui ne signifie nullement qu'elle n'est plus ; la deuxième dit : « nulle part ne demeure sa connaissance, ce qui peut s'entendre : nulle part de terrestre, car le Nibbâna est extra-terrestre.

Et ceci nous ramène à cette question : qu'est ce que le Nibbâna ? Le Boudhisme enseigne que tout est impermanent, mais seulement en ce monde. Et, par suite, il est permis de se demande si ce qui n'est pas de ce monde n'est pas un élément permanent, immortel, l'amatâ dhâtu. « Il y a, ô Bhiksus, un non-né, un non-produit, un non-fait, un non-conditionné : s'il n'y avait pas un non-né, il n'y aurait pas d'issue pour ce qui est né ; mais comme il y a un non-né, il y a issue pour ce qui est né, produit, fait, conditionné » (Udâna).

Nous ne trouvons nulle part de données plus précises, plus exactes. Il paraît logique de confondre ce permanent, opposé à notre monde impermanent, avec le Nibbâna, qui n'est pas de ce monde. Le Nibbâna, c'est le permanent, c'est l'immuable, c'est le non-né, c'est le non-conditionné (par des faits antérieurs).

Avant de chercher à tirer de ce qui précède des conclusions plus ou moins nettes, une question se pose : pourquoi le Boudha n'a-t-il pas donné de définition plus claire, plus précise, des éléménts qui transmigrent, de ce qui passe dans le Nibbâna, de ce qu'est le Nibbâna ?

Ce n'est pas faute d'avoir été interrogé à ce sujet. Mais l'on sait que l'étude de certaines questions lui paraîssait absolument inutile, comme étant en dehors des possibilités de connaissance de la raison humaine (sauf pour la petite minorité de ceux qui atteignaient les derniers degrés de la Sainteté). Quand un disciple l'interrogeait sur une de ces questions touchant la métaphysique, il laissait la question sans réponse. Pressé de répondre par le religieux Mâlunkyâputta, il répond : « T'ai-je promis de t'enseigner si le monde est ou n'est pas éternel, s'il est limité ou infini, si la force vitale est identique au corps ou distincte, si le parfait survit après la mort ou non, si le parfait survit après la mort et ne survit pas en même temps ? — Tu ne m'as pas promis cela, Seigneur. — Je n'ai pas enseigné ces choses, parce que leur connaissance ne fait faire aucun progrès dans la voie de la Sainteté, ne sert ni à la paix ni à l'illumination. Ce qui sert, c'est ce que j'ai enseigné : la vérité sur la Douleur, la vérité sur l'origine de la Douleur, la vérité sur la suppression de la Douleur, la vérité sur le chemin qui mène à la suppression de la Douleur. C'est pourquoi, Màlunkyâputta, ce qui n'a pas été révélé par moi, que cela demeure irrévélé ». (Majjhima Nikâya).

C'est au fond la réponse du Maître chaque fois qu'on aborde ces questions réservées, ces questions inutiles, pour la masse tout au moins. L'histoire du Boudha dans le bois de sinsâpâs prouve qu'il s'était occupé lui-même de ces questions et leur avait trouvé une solution : « de même que ces quelques feuilles de sinsapâs que je tiens dans ma main sont bien moins nombreuses que celles qui sont dans le bois, de même ce que je vous ai révélé est peu de choses, par rapport à ce que je n'ai pas révélé ».

Les questions du roi Milinda nous donnent la suite de la première citation. Le roi s'étonne que le Maître n'ait pas répondu à Mâlunkyaputta et Nâgasena répond qu'il y a des problèmes de 4 sortes.

Ceux auxquels on peut donner une solution directe et définitive.

Ceux qu'on peut expliquer on les examinant en détail.

Ceux qui peuvent être expliqués en les comparant à des problèmes similaires déjà résolus.

Ceux qui doivent être écartés : comme les questions sur l'infini de l'Univers, l'identité du corps et du principe vital, etc...

L'existence de l'âme, l'essence du Nibbâna, font partie des questions auxquelles le Boudha refusa de répondre.

Avant d'aller plus loin, constatons que de pareilles incertitudes ne se trouvent pas que dans la philosophie boudhiste Dans nos sciences, dès qu'il s'agit de questions d'hérédité, de transmissions de caractères physiques ou moraux, l'incertitude la plus grande règne et les théories les plus compliquées, extraordinaires, se donnent libre carrière. Nous ignorons comment les images perçues par les yeux sont enregistrées par le cerveau. En ce qui concerne la mémoire, nous ne savons rien. Dans la religion catholique, la nature exacte du Paradis et de l'Enfer est bien loin d'être définie. Chacun, dans les limites vagues des textes imprécis traitant la question, est libre de croire ce qu'il veut.

Les conclusions que nous allons nous efforcer de tirer seront les plus simples possibles, car au début, le Boudhisme fut certainement très simple. Le système primitif ne fut pas un système philosophique complet, touffu, ardu. Ce fut un enseignement destiné à la grande masse, méthode de délivrance par la moralité et la possession de quelques vérités simples ; c'est ce qui fit sa fortune. C'est plus tard que les générations suivantes compliquèrent tout et que la scholastique s'en mêlant, on en vint à perdre de vue la simplicité du début pour discuter des questions comme celle de savoir si l'ascète qui veut se tuer doit employer la corde, le couteau, se laisser mourir de faim, ou se jeter dans un précipice, tout comme en Europe, au moyen âge, on discutait sur des questions absolument ridicules et quelquefois inconvenantes, concernant la religion catholique, perdant de vue les principes élevés édictés par le Christ.

Donc, nous n'avons pas de précisions absolues sur le Parinibbâna ou Nibbâna après la mort. Les textes les plus précis, en plus de ceux déjà cités, confirment l'hypothèse d'un état complètement en dehors de ce monde.

« Il est un état, ô disciples, ou il n'y a ni eau, ni terre, ni chaleur, ni air ; ni infini de l'espace, de la conscience, ni absence complète de toutes choses, ni perception, ni non-perception, ni ce monde ci, ni ce monde là, à la fois jour et nuit ».

« Celà, ô disciples, je ne l'appelle ni venir, ni s'en aller, ni rester, ni mort, ni naissance; sans origine, sans devenir, sans fin, c'est le terme de la douleur.

Il est un non-né, etc. . . » (Udâna).

Nagasena explique au roi Milinda que le Nibbâna n'est pas susceptible d'être produit par une cause, parce que le Nibbâna n'est pas un groupement de qualités, c'est-à-dire de manifestations distinctes et spéciales qui nous rendent la matière visible.

Si le Nibbâna est à ce point extérieur à notre monde, rien d'étonnant à ce que nous ne puissions nous en faire une idée avec nos sens humains aussi imparfaits. « Le grand Océan est profond, immesurable, insondable. Il en serait de même si l'on voulait concevoir l'être du Parfait (du Boudha, entré dans le Nibbâna), d'après les attributs des êtres de ce monde. Le Parfait est affranchi de voir son être mesurable avec les mesures de ce monde corporel : il est profond immesurable, insondable comme le grand Océan ». (Samyutta Nikâya).

Quand l'Arhat sort de son extase, il s'écrie : « ô Nibbâna, destruction du désir, calme, excellent ». Mais il est parfaitement incapable au moyen de ses sens humains, et de son langage humain, qui subsistent, de traduire aux autres hommes ce qu'il a ressenti. De ce fait, faut-il en conclure que ces sensations supranormales n'existent pas ?

Notre pensée humaine ne peut, avec son arsenal de notions, de souvenirs, de mots, concevoir quelque chose dont elle n'a pas la moindre idée ; cela ne veut pas dire que ce quelque chose n'existe pas « Du Nibbâna, on ne peut rien dire. Nous savons qu'il est ; mais nul ne peut dire ce qu'il est » a écrit un des savants européens le plus versé dans le Boudhisme, Max Müller.

« Les aveugles, parce qu'ils ne voient pas le bleu et le jaune, n'ont pas le droit de dire que les voyants ne voient pas les couleurs et que les couleurs n'existent pas ». (Samghabhadra).

Les saints catholiques qui ont eu des extases mystiques se sont heurtés à la même impossibilité de nous raconter leurs impressions.

Pour conclure, nous pouvons dire que le Nibbâna sur terre ou Nibbâna des Arhats, est la perception par eux, dans les moments d'extase, du Nibbâna éternel, incréé, permanent. L'Arhat est déjà parvenu presque en dehors de ce monde, par la connaissance supérieure qu'il a acquise. Plongé dans la méditation qui le met en contact avec le Nibbâna, il est dans un état de super conscience, ou l'esprit perçoit directement sans le secours des sens.

Quant au Nibbâna sans restes, au Parinibbâna, c'est le permanent, l'éternel, l'inconditionné, qui existe, mais non explicable pour nous. Qu'est ce qui, de l'homme, y passe après la mort terrestre? Là encore, nous ne pouvons rien dire: cela échappe à notre connaissance imparfaite. Nous en reviendrons à ce qui a été dit pour la transmission des existences : il se peut qu'il n'y ait là qu'une transmission, une ondulation déterminée par l'existence précédente, sans qu'aucun des éléments de l'être humain serve de support à cette transmission.

On pourrait assimiler le Nibbâna à une dégradation de l'énergie, conforme aux données de la science moderne, et ceci fera l'objet d'une autre étude.

Skandha : Eléments qui constituent l'être physique et moral de l'homme et qui sont : la corps matériel, les sensations, les représentations, les formations ou tendances, la connaissance.

Upadi : Eléments de l'existence, analogues aux Skandhas.

www.ingramcontent.com/pod-product-compliance
Ingram Content Group UK Ltd.
Pitfield, Milton Keynes, MK11 3LW, UK
UKHW022059260726
13993UKWH00001B/209